JN258818

Economic

統計資料がおもしろくなる

経済統計入門講座

Statistics

前田修也／著

はじめに

本書は、主に経済学部の1、2年生を対象に書かれています。

「経済学部は文系だから数学はあまり使わないだろう」と期待して入学した方が多いのではないでしょうか。授業が始まってすぐにその期待が裏切られ、打ち砕かれたような顔で出席しているのを、私は何度も目にしています。このような状況で経済学を学ぶみなさんが、軟着陸から出発できる方法はないものかと模索し始めたことが、この本の執筆に繋がりました。

この入門講座には、次のような思いが込められています。

経済学を学び始めたみなさんには、1）様々な種類の統計資料に接して欲しいと思います。経済学では多くの統計資料を理解しなければなりません。その読み方をこのテキストで学んでください。1章から4章がこれに相当します。統計資料が、どこにどのような形で用意されているのかが説明されています。数学を使わなくても、統計データの見方を知るだけで、実に多くのことが分析できるのです。2）平均値と散布度の関係をしっかり理解して下さい。統計加工の基礎である記述統計を疎かにせず、確実な知識を身につけてください。3）推測統計の基本的考え方や相関・回帰分析をしっかり学んで下さい。こまめに簡単な練習問題を解いていくことで、これらの理論的骨格を理解することができるでしょう。4）経済統計学の基礎知識が、実際に経済学研究の場でどのように応用されているかを学んでください。この目的のために、7章「散布度を経済格差指標として使う」をおきました。3つの例で、理解してください。

全体的に、読者が消化不良にならないよう、内容をできるだけ絞り込みました。まずは1冊読み込んだという充実感・達成感を感じ、それをきっかけに次のステップに進んで欲しいものです。従って、本書は「経済統計学・入門の入門」といってよいかもしれません。

本書の出版に際してポラーノ出版の鋤柄禎氏に大変お世話になりました。この場を借りて、深く感謝いたします。

2014年3月　　前田　修也

CONTENTS

ギリシア文字の読み方

大文字	小文字	読み方	大文字	小文字	読み方
A	α	アルファ	N	ν	ニュー
B	β	ベータ	Ξ	ξ	グザイ
Γ	γ	ガンマ	O	o	オミクロン
Δ	δ	デルタ	Π	π	パイ
E	ε	イプシロン	P	ρ	ロー
Z	ζ	ゼータ	Σ	σ	シグマ
H	η	エータ	T	τ	タウ
Θ	θ	シータ	Y	υ	ウプシロン
I	ι	イオタ	Φ	φ	ファイ
K	κ	カッパ	X	χ	カイ
Λ	λ	ラムダ	Ψ	ψ	プサイ
M	μ	ミュー	Ω	ω	オメガ

Chapter 1
経済統計学はどのような学問か

みなさんは「統計学」という言葉から、どのようなイメージを持つだろうか。ある人は社会科の資料集にある統計表やグラフを連想し、またある人は数学の確率論を思い出すであろう。国勢調査や各種アンケート調査のことを考える人も多いと思う。実はここで連想された項目は全て「統計学」の範疇に入るのである。どうしてこのように異なった分野の統計が存在するのであろうか。それを理解するために統計学の簡単な歴史から見ていくことにしよう。

1 統計学の簡単な歴史

普通、統計学には3つの源流があるといわれる。ドイツ大学派統計学、政治算術（イギリス統計学）とフランス古典確率論である。

1 ドイツ大学派統計学

1つは、17世紀にドイツで興った。この頃ドイツは、30年戦争（1618～48）の後、王権の弱体化に伴い数百の小国家群に分かれていた。ヨーロッパ全体が近代国家の形成期にあったことから、領主は自国の現状（人口・面積・財政など）についての知識を得たいという願望を持っていた。そのため今日の財政学の源流である「官房学」の一分野として、ドイツ諸候国の政情を詳細に記述する国情論や国勢学と呼ばれる学問分野が生まれた。大学を中心として発達したことから、大学派統計学とも呼ばれている。『国状論』の著者である法学者コンリンク（H. Conring, 1606-81）は、1660年に初めて統計学（Statistik）を大学の学科課程として講義した。その後、アッヘンワール（G. Achenwall, 1719-72）等がこれを学問の形にまとめていった。

この統計学の特徴は大きく2つある。1つは法則性を求めないで、単なる記述を行ったということ。もう1つは数量的記述を用いず、もっぱら文章によったことである。そうしないと、物事の本質や精神を見失う恐れがあるというのである。従って、現在われわれが感じている統計学のイメージとは大分かけ離れた内容であった。

しかしイギリスよりも商品経済の発達が遅れていたドイツでも、18世紀中頃になると商品経済の進展も見られるようになり、社会現象の数量的表現としての統計資料への需要が増大してきた。デンマークのアンケルゼン（P. J. Anckerson, 1700-1765）が著した『文明国一覧表』の中では、主な国の人口、領土、宗教、財政、軍隊などの表による記述の他に、算術平均や幾何平均の利用による比較分析なども行われるようになっている。またシュレーツァー（A. L. von Schlözer, 1735-1809）は、数や表の持つ意味をよく理解し、データそのものはきちんと数字で表現されなければならないと主張している。このようにして次に述べる政治算術（イギリス統計学）との連携が準備されることになった。

ドイツ大学派統計学はその後、後述のケトレーの影響を受けながら大量観察の方法による人間社会の法則性発見の学問こそが統計学だとする「社会統計学」の伝統ができ、後年フランクフルト学派統計学に受け継がれ今日に至っている。

2 政治算術（イギリス統計学）

今日われわれが統計学と言っているものの第一歩ともいうべきものは、イギリスに興った政治算術派統計学であろう。

この統計学は、社会現象に大量観察の方法を適用して、量的資料に基づいた「因果関係」を探求しようとした。この点ドイツ大学派統計学と大きく異なるが、その理由として2つの背景が考えられる。まず、対象とされた当時の社会自体がすでに「数量的表現」を可能とする状態になっていたことである。即ち、商品生産・貨幣による売買が全面的に行われるようになり、貨幣的数量的表現が経済の大部分について可能になっていたことである。ドイツ大学派の研究者が大学教授であったのに対して、政治算術の担い手は主に商人であった。もう1つは、F. ベーコン（Francis Bacon, 1561-1626）の影響である。ベーコンは経験から出発する帰納法の重要性を説いた。演繹法による推論は、中世ヨーロッパにおいては特にキリスト教に都合のよいものとして受け入れられていたが、商品経済が発達するにつれて、それまでの学問的研究では説明できない現象が多く現れた。

政治算術の代表者、即ち一つの実証科学への道を開拓したのは、ロンドンの商人であった J. グラント（John Graunt, 1620-74）である。彼は 1662 年に『死亡表に関する自然的および政治的観察』と題する書物を発表し、統計調査が行われていなかった当時、教会から市販されていた「死亡表」および「洗礼名簿」を多数集め、注意深くこの表を分析することで何か一定の規則性を見出すことができると考えた。実際彼は、洗礼数と 1 世帯あたりの死亡実数から比例配分して、ロンドンの世帯数を求めている。また、出生時性比がほぼ等しいことを発見し、地域間死亡率の比較なども同時に行っている。例えば、出生数はロンドンでは男 14 人に対して女 13 人であるが、田舎では男 15 人に対して女 14 人である、とした。人間の出生や死亡に関することは、それまでは、全て神の報いであると考えられていたので、このように個々の生死から離れてデータを集めると一定した出生性比や死亡率が現れたということは、当時の常識からすれば驚くべきことであったであろう。

発明家、解剖学者であった W. ペティー（William Petty, 1623-87）は、グラントの分析法に刺激を受け、それを更に精緻化させた。彼はその主著『政治算術』の中で、フランス、イタリア、オランダ等諸国の経済的政治的勢力の数的比較を行い、官庁統計が調査すべき項目を挙げている。例えばイングランドの人口は 950 万人で、フランスの 1,350 万人に劣るが、国力はフランスに優るだろう。なぜならフランスには消費しかしない聖職者が 27 万人いるが、イギリスには 2 万人しかいない。しかも彼等は人の 3 倍の消費をするからフランスの人口は 1,300 万人にしかあたらない、というのである。そして、このような分析を行うにあたっては、個々人の移り気や嗜好感情を排除し、数（number）、重量（weight）または尺度（measure）を用いて直接人々の感覚に訴えるべきことを強調した。彗星で知られる天文学者 E. ハレー（E. Halley, 1656-1742）もまた、出生・死亡表に関心を持ち、その成果を年金制度運用に利用することなどを考察している。

3 フランス古典確率論

17 世紀、フランス貴族で賭博師のシュヴリエ・ド・メレは当時賭博師仲間の常識として、1 個のサイコロを 4 回転がし 1 回は 6 の目が出る賭けで相当成績を上げていたが、やがて相手がいなくなった。そこで 2 個のさいころを 24 回投げて少なくても 1 回は 6 のゾロ目が出る賭けに変えたが、今度は逆に負けこんでしまった。メレは、「数学なんてでたらめだ」と公言して、友人である数学者の B. パスカル（Blais Pascal, 1623-62）にそのことを相談した。

現在では高校の数学程度の知識で、この問題は解決される。即ち、前者は

$1-\left(5/6\right)^{4}=0.5177...$　　となり 0.5 より若干高い確率である。後者は

$1-\left(35/36\right)^{24}=0.4914...$　　となり 0.5 より若干低い確率になる。

ところで、パスカルはこの問題について、友人の高名な数学者である P. フェルマー（Pierre de Fermat, 1601-65）に手紙を書き、さらにその後の二人の往復書簡が数学者の関心を呼んだ。これが古典確率論確立の契機になったのである。この古典確率論はラプラス（Pierre-Simon Laplace, 1749-1827）の『確率論の解析理論』（1812 年）によって大成されることになるが、その間、大数法則で有名なベルヌーイ（Jakob Bernoulli, 1654-1705）やド・モアブル（Abraham de Moivre, 1667-1754）らが数学的確率と統計的確率とを結びつけようとした。例えば、年齢別死亡率のような統計的確率を大数法則による数学的確率に結びつけようとしたことが挙げられる。

4 ケトレーの平均人

統計学の確立は 19 世紀以降になされた。ドイツ大学派統計学、政治算術、フランス古典確率論を統合し近代統計学を確立したのは、ベルギーの数学者であり天文学者のケトレー（L. J. A. Quetelet, 1796-1874）である。ケトレーが近代統計学の父といわれる所以は、統計調査の重要性を説き、それを自ら企画実践し 1846 年ベルギーに科学的な国勢調査を初めて施行させたこと、さらにその結果の記述・要約に確率論を中心とした統計的手法を意識的に取り入れたことによる。ケトレーは 1835 年『人間に就いて』の中で、人間社会を太陽系との類推で捉え、天体力学の方法を社会現象に適用し、天体力学のような法則を社会現象にも発見しようとした。物体の重心に相当するものとして「平均人」

という概念を用い、物体と同様に社会もまたこの「平均人」を中心として動くと考えた。

5 その後の統計学

確率論を広く人口現象や社会現象に適用していこうとするケトレーの方法は一方で19世紀後半にイギリスの優生学者F. ゴールトン（Francis Galton, 1822-1911）によって継承・発展させられた。彼は1870年『遺伝的天才』において、政治、法律、芸術等の分野で卓越した業績を残した人々の家計記録に基づき、ケトレーが考えた正規分布を適用し、天才は遺伝することを証明しようとした。また「回帰（先祖帰り）」という概念から、2変数間の関係の程度を測る尺度として、今日われわれが用いている相関分析を創設した。さらに中位数、四分位数等の概念を創設したことでも知られている。ゴールトンの弟子K. ピアソン（Karl Pearson, 1857-1936）は、ゴールトンの相関分析を更に精緻化させたほかに、標準偏差の概念を創始し、これと正規分布の面積との関係を明らかにするなど統計学に対し様々な貢献をした。

ギネスビール社の技師であったゴセット（William, S. Gosset, 1876-1937）が1908年に発表した論文「平均の確率誤差について」で、統計学は新しい時代を迎える。生物実験や農事試験では、小さな標本（およそ30個以下）から母集団を推定しなければならなかった。ゴセットはこのように小さな標本から母平均を推定するために、t分布を発見したのである。この小標本理論を完全なものにしたのは、R. A. フィッシャー（Ronald, A. Fisher, 1890-1962）である。標本調査法はフィッシャーによって数学的精緻化がなされた。彼は小標本データを利用して、圃場実験における品質の優劣やその際、肥料等の条件の効果を測定するため「実験計画法」を創始した。20世紀初頭以来の大量生産による工業製品の規格化が進んだ結果、品質管理などの分野でフィッシャーの小標本理論が大いに利用されるようになった。また、第2次世界大戦中の軍事計画からの要請などで、統計学はその数理的精緻化が一段と進められる事となる。ゴセット、フィッシャー以降の統計学を推測統計学と呼んでいる。

推測統計学の方法は、大量生産時代の品質管理に応用され、特に1940年代からは統計的品質管理（Q. C: statistical quality control）、管理図（control chart）、抜き取り検査などの工場実験の方法が、殆ど全ての工場で実施されるようになった。シューハート（W. A. Shewhart）やデミング（W. E. Deming）がこの分野で貢献した。

この後の統計学の発展は極めて多方面にわたり、更にその発展の速度が著しい。現代統計学の主な分野は、線形計画法、動学的計画法、モンテカルロ法、ゲーム理論、情報論などである。

6 わが国の統計学

わが国において広い意味での「統計調査」は、大化の改新頃から存在していたと言ってよい。更に太閤検地や江戸期の宗門人別帳なども統計調査の1つとして数えることができるだろう。宗門人別帳とは、一戸ごとに戸主・家族・奉公人の名前・年齢・宗旨などを記載していて、戸籍簿の役割をも果たしていた。しかし、わが国における統計学の本格的な開始は、他の諸科学と同様に明治期ヨーロッパから輸入されたものである。この時期、杉亨二と呉文總の2人の統計学者が活躍した。杉は、主としてドイツ社会統計学派の導入に努めたが、統計機構の設置改革にも関心を示した。明治5年（1872）、わが国最初の官庁統計とされる『辛未政表』（十干十二支の中の“かのとひつじ”の年、つまり明治4年に調査されたことを示す）を刊行し、内務省に統計課を設置した。これが後に内閣統計局（同18年）に改組され、現在の総務省統計局へと推移することとなる。呉は、ドイツ社会統計学のほかに、当時のイギリスやアメリカで主流だった数理統計学の導入にも努めた。このように、日本における初期の統計学はドイツ社会統計学派の影響を強く受けて成熟するが、戦後アメリカの指導で推測統計学が、一気大量に導入されたことなどの影響で、両者の間には多少の混乱がある。

推測統計学は、医学、農学、工学などの分野から普及が始まった。その後製造業の生産現場などでもQC運動などという形で応用がなされるようになり、われわれの日常生活の実に様々な場面に浸透している。

2 統計利用上の注意点

統計学は大きく、記述統計（部門）学と推測統計（部門）学に分けることができる。記述統計学は、集めた情報をできるだけ簡潔に要約する技法を取り扱う部門である。この情報を要約する過程で、本質的に重要な要素が失われてしまわないよう配慮する必要がある。この本では、8章までの前半部分がこの記述部門に属する。これに対して推測統計学は、実際に観察されたデータは、その背後にある母集団から抽出された一つの標本にすぎないという扱いをすることになる。そしてこの標本から得られた情報は母集団の情報としては不確実なので、その誤差を定量的・科学的に明らかにしようとすることが統計学の主な目的である、と考える。わが国の推測統計導入の歴史が不幸にも戦後一気に大量になされたので、上の両者間に多少の理解不足があったことは、前節で述べた。しかし大事なことは、われわれ経済学を学ぶ者が必要とする知識は何か、と考えることである。数理として完成された体系である推測統計学も、元を正せば記述統計のデータに基づいているという事実である。もし記述の段階が粗雑であったとするなら、いかに数理的に完成された手法を用いようと、その結論は意味をなさないことになるであろう。このことは、特に経済学という分野では大切なことである。推測部門と同様のウェイトで記述部門が学ばれなければならない所以である。

3　統計の誤用

英国の政治学者ディズレリーに「ウソには3種類ある。単なるウソ、みえすいたウソ、そして統計だ」という統計を揶揄（やゆ）する有名な言葉がある。統計はそれほどに誤用が氾濫し、それが人々に不信感を持たせる原因となっている。新聞やテレビを見ていると統計が氾濫しているが、事実がひとたび数字で語られると、つい信じたくなってしまう。

一方でわれわれ現代人にとって統計はなくてはならない存在でもある。車の運転やパソコンの操作と同じように、統計を正しく読む能力が求められている。論より証拠、よく見られる統計の誤用例を幾つか紹介しよう。

1　平均値のワナ

今あなたは、2,000万円から2,500万円までの予算でマンションを購入しようとしているとする。気に入ったマンションが見つかり空き部屋6戸の価格を尋ねたところ、平均価格は4,000万円だという。あなたは予算オーバーだと諦めてしまうだろうか。よく調べてみると実は個々の価格はそれぞれ、1,800万円、2,000万円、2,300万円、2,400万円 、2,500万円、それに1億3,000万円であり、6戸の中に1戸だけ億ションが入っていて、これが全体の平均を押し上げていたのだ。このような場合､足し算をして個数で割る平均（算術平均）ではなく、数字を大きさの順に並べて、ちょうど真中の値であるミーディアンを使うべきだったのである。この場合は6個なので、真中の2つの数を平均して2,350万円ということになる。この例のように、普段私達が日常使っている算術平均は、異常値、入力ミスや性格の異なる数字（この例では億ションは明らかに異なった性格を持った数字であろう）を含む集団の平均値としては不向きなのである。

2 比率のワナ

都道府県別人口密度を計算しようとする時、どのデータを用いるべきであろうか。分子は各県別人口でよいが、人口密度という概念が人がどれほど密集して（あるいは散らばって）生活しているかを測る尺度だとすると、分母は単純に各県別面積でよいだろうか｡これは比率の精製化と呼ばれることに属するが、より精製した数値を得たいのであれば、分母には「可住地面積」を用いるべきであろう｡「可住地面積」とは、人が通常住める状態の面積という意味である。滋賀県と他県とを比較するとよく分かるだろう｡滋賀県には琵琶湖があるので、可住地面積を使うのか（精製比率）、単純な県面積でよいのか（粗製比率）で大きな違いが生じることは具体的な数値を挙げるまでもないことである。

表 1-1 可住地面積による人口密度

県名	人口（2003年）	総面積（km²）	人口（粗）密度（人）	可住地面積（km²）	精製人口密度（人）
宮城	2,350,132	7,285	323	3,130	750
広島	2,870,542	8,478	339	2,255	1,273
滋賀	1,348,241	4,017	335	1,289	1,046

（可住地面積は朝日新聞社『民力 2004』）

3 パーセントとパーセントポイント

政党支持率のアンケート結果を見てB政党党首が支持率の総括をした。「A政党は16%増にとどまったのに対し、B党は100%の倍増であった」。B政党が大躍進したかのような印象であるが、もともとの A 党の支持率が 55%から今回 64%になったのに対して、B 党は 3%が 6%になったに過ぎない。このように分母が同一であるという保証がない場合には、パーセントポイント（あるいは単にポイント）という言葉を使い、A 党は 55%から 9 パーセントポイント増加して 64%になった、B 党は 3%から 3 パーセントポイント増加して 6%になった、という表現にするとよい。変化率だけの表現は誤解を生みやすいのである。

4 ウェイトが邪魔をする

各地方自治体間の給与格差を調べようとする時、自治体によって年齢構成が大きく異なっていることがある。そのような場合、加重平均では単純な比較ができなくなってしまう。平均年齢が高い自治体はそれだけ給与が高い傾向を持ち、逆に平均年齢の比較的低い自治体は給与が低い傾向を持つ。この二つの自治体の給与を、年齢構成を無視して比較することはできない。どちらかの年齢構成に合わせるか、あるいは全く異なる年齢構成で両者を評価し直すか、いずれかの方法に拠ることになる。このような手法は「標準化」といわれ、加重平均の比較には常に注意すべきである。

以上は統計誤用例のごく一部でしかない。「統計数字はまず疑ってかかれ」が鉄則である。ここに統計の誤用例を紹介した良書を挙げるので、一読するとよい。

Darrel Huff: How to Lie with Statistics, 1954（ダレル・ハフ著、高木秀玄訳『統計でウソをつく法』講談社ブルーバックス）

上田尚一『統計の誤用・活用』朝倉書店、2003

Joel Best: Dammed Lies and Statistics.（林大訳『統計はこうしてウソをつく』白揚社、2002）

Stephen K. Campbell: Flaws and Fallacies in Statistical Thinking, 1974（野村弘光・村松健児訳『統計のウソとホント』ダイヤモンド社、1975）

Chapter 1
練習問題

問 1. 下の表は、ドイツ大学派統計学と政治算術の相異を対比したものである。空欄 a ～ d に適当な言葉を入れて、表を完成させなさい。

ドイツ大学派と政治算術派との比較表

	ドイツ大学派統計学	政治算術
主な担い手	大学教授	(a)
目的	(b)	社会・経済の量的側面を知ること
主な内容	国家の形式的な面の記述	(c)
時代的背景	(d)	資本主義の勃興期

問 2. 明治 5 年に調査された「壬申戸籍（じんしんこせき）」は現在でも議論の的になることがある。このような古い統計がなぜ未だに話題になっているのかを調べなさい。

問 3. 統計がつくウソや統計を使った誇大広告の例を探しなさい。

問 4. ケトレーが「近代統計学の父」と呼ばれる理由を述べなさい。

問 5. ゴセットが統計学の歴史上どのような貢献をしたのか述べなさい。

Chapter 2
統計データはどのようにして収集されるか

1 データの収集方法

経済学のように社会現象を対象とする科学を勉強している学生にとって、統計データがどこにどのような形で存在するのかを知っておくことは大変重要なことである。この章では経済統計データの収集の仕方や、その特徴を学んでいくことにする。

[1] 官庁統計

経済学の対象となる経済統計データは誰によって作られているのだろうか。家計・企業・政府という 3 つの部門で、統計の生産主体が誰かということを考えてみよう。この三者が、それぞれ統計調査活動を行って統計データを生産することも考えられる。しかし、およそ社会現象に関する限り、この三者が同等の力を持っていることはあり得ない。まず家計であるが、これは統計調査に関する限り殆どが調査される側、つまり被調査者として扱われるか、または統計の利用者であろう。生産主体になることは有り得ないといってよい。自分で本格的な統計調査を実施するというようなことは考えにくいからである。次に企業はどうであろうか。景気観測、市場調査、世論調査などを主な業務とする企業が存在するであろう。また、各種統計表や統計年鑑の刊行を行っている会社もあるであろう。しかし、それらは企業活動全体から見るとごく一部であり、企業が主な統計の生産主体であるとは言い難い。従って社会現象に関する限り統計の生産主体は政府であり、大部分の社会統計を生産しているといってよい。

このような中央政府や地方自治体が生産する統計のことを、われわれは特に「官庁統計」と呼んでいる。この官庁統計は独特の性格を持っており、また限界性を有している。まずはわれわれが主に使用する、あるいは使わざるを得ない、この「官庁統計」がいかなるものであるのかを知っておこう。

2 第一義統計と第二義統計

官庁統計は通常、大きく第一義統計と第二義統計とに分けられる。第一義統計は本製統計とも呼ばれ、官庁があらためて本格的な統計調査を行って得られる統計を指している。国勢調査がこれの代表例である。国勢調査は、1920年(大正9年)に開始されて以来、5年に一度行われるわが国を代表する統計調査である。暦年の末に0と5の付く年の10月1日午前0時に3ヶ月以上日本国内に居住している人全員を対象として(全数調査・または悉皆(しっかい)調査と呼ばれる)、年齢・配偶関係・世帯員数などの項目(基本属性と呼ばれる)を調査事項としている。**表2-1**は、2005年の国勢調査における調査項目である。

表2-1 2005年国勢調査項目

世帯員に関する項目	世帯に関する項目
①氏名	①世帯の種類
②世帯主との続柄	②世帯員の数
③男女の別	③住居の種類
④出生の年月	④住宅の床面積(延べ面積)
⑤配偶の関係	⑤住宅の建て方
⑥国籍	
⑦就業状態	
⑧就業時間	
⑨就業上の地位	
⑩所属の事業所の名称及び事業の種類	
⑪仕事の種類	
⑫従業地または通学地	

第二義統計は業務統計とも呼ばれ、官庁があらためて本格的な統計調査をしなくても、日々の行政活動の業務から自然に生み出される統計のことを指している。出生統計・死亡統計・婚姻統計・離婚統計などの人口動態統計は、業務統計の好例である。例えば子供が生まれると名前を付けて最寄の役所に届け出るのであるが、役所は日々の業務として、その届け出られた書類を適切に処理し保管することになる。昨年1年間で仙台市内に生まれた男児が何人であったかという統計が欲しい時、新たに仙台市内の全世帯に調査票を配って出生の

有無を調べたりはしない。区役所に残されたこの業務上の資料を収集し、統計データとするのである。業務統計は変則的な統計データと見られることもあるが、量的にはこの種のものが極めて多い。人口動態統計のほかに、貿易統計が業務統計の好例として紹介されることが多い。

官庁統計を分類する方法として上述の 2 つの範疇の他に、紛らわしい表現ではあるが第一次統計、第二次統計という区分がある。これは統計データの加工の程度による分け方であり、第一義統計、第二義統計とは全く異なる概念であることに注意すべきである。

3 原表方式とミクロデータ方式

今まで学んできたことから分かるように、データは基本的に多重集計表、あるいは原表と呼ばれる形で提供されてきた。なぜなら、それまでは調査の結果得られた情報処理は、大型コンピュータを所有する政府機関のみができることであったからである。しかし集計表の作成を統計利用者の目的別集計という観点からは、一般に原表方式でデータを保持すると極めて粗く非効率なファイルとなり、データ処理上適切でない事が多い。より適切な方法としては、ミクロデータのままでデータファイル化することが考えられる。個票毎のデータの中から統計処理上不用なものを除き、また被調査者個人の秘密等を保持するために必要な処理を行ったものを「政府統計ミクロデータ（匿名データ）」と呼んでいる。近年、一時に大量の情報を処理できる高性能コンピュータの普及に伴い、統計利用者が自ら政府統計調査等によって得られたこの「匿名データ」を、独自に加工処理・分析することが可能になってきた。利用者は、このファイルから任意にデータを呼び出し、集計処理を行うのである。このミクロデータファイルとして集計表データ作成に代える方式は、これまでの集計表の編成とデータの集約方式を大幅に変えることとなった。

欧米の多くの国では、1980 年代から 1990 年代にかけて、匿名化された個別データが提供されるようになった。また、わが国でも 1990 年代半ば以降、経済学研究者を中心に世帯関連の政府統計のミクロデータを経済・社会分析に利用したいとの要求が出されるようになった。その結果まだ実験段階だが、許可された研究者は総務省統計研修所の中で外部と完全に遮断された環境でデータを解析し、結果のみを外部に持ち出すという、米国に倣った方法が採られている。今後更に広い範囲の利用者に、個人を特定できない方法でミクロデータを提供することも可能になるであろう。

4 静態統計と動態統計

統計の性質上、是非知っておかなければならないもう1つの分類概念がある。それは、静態統計と動態統計という概念である。国勢調査のように10月1日午前0時0分という、一時点における統計は静態統計と呼ばれる。まるでカメラのシャッターを押すように、一時点の状態を調査するものである。これに対して動態統計は、先出の出生統計の例でも分かるように、1年間という一定期間内に起こった出生件数を数え上げるものである。普段、何気なく利用している統計データが、どのような方法で調査されているかを知っておくことは、その後の統計処理を行う上でも大変に大きな意味を持ってくる。

5 系列統計と構造統計

集団の大きさがどのように変化しているかの推移を見るのが系列統計であり、集団の内訳を見るのが構造統計である。国勢調査の結果を北海道から都道府県別に並べるとか、日本全体の人口を5年毎に並べるなどの統計は、系列統計といってよい。これに対して年齢別人口や男女別人口などは、全体の構造の中でその集団がどれほどの大きさかを知ることになるので、構造統計と呼ばれる。

6 量的統計と質的統計

集団の構造を何らかの基準で分類しなければならない時、その集団のどの側面に着目するかによって様々なものが考えられる。大小の順序付けができる集団を量的統計と呼び、量的基準が無く産業、職業や商品のように質的な分類基準を設けなければならないものを質的統計という。

7 計数統計と計量統計

人口や事業所などのように、集団を構成する個々の要素を数え上げていく統計を計数統計という。また、ある商品の価格や1ヶ月平均の生活費といった、常識的には実態的な意味を持たないものを計量統計という。しかしながら計数統計は各要素の個数であるけれども、各要素が1という量を持っていると考えれば各要素が持っている量の合計ということになり、計量統計とみなすこともできるであろう。

2 調査の実際

1 単記票と連記票

統計調査の実際作業は、結局のところ調査票の設計・内容に帰着する。そこで次に、調査票の種類や記入方法を説明しよう。調査票には普通、単記票と連記票がある。単記票は1枚の調査票に1個の統計単位が対応するもので、連記票は1枚の調査票に2個以上の統計単位が記入されるものである。単記票の長所は、1枚の調査票に多くの調査事項を盛り込むことができることや、調査事項の秘密が保持できる、などである。反面、調査票が独立しているので関連調査に向かないことや、調査票の枚数が多くなり、取り扱いが大変な点がある、などの欠点も指摘される。連記票はこの点、調査票の枚数が少なくて済むが、多くの調査事項を盛り込むことができないという制約がある。単記票が用いられている調査は現在、就業構造基本調査、社会生活基本調査など個人に関する調査事項が多数含まれるものに採用されている。連記票の代表例は国勢調査であり、現在4名連記である。平成12年の場合、1枚の調査票で全世帯の90%以上がカバーできた。

2 他計式と自計式

調査票への記入方法には、他計式と自計式がある。他計式は、調査票への記入が調査員によって行われるものであるが、自計式は被調査者が自ら行うものである。他計式の場合、調査員が調査対象に直接質問して記入するため、調査内容や調査事項が正確に伝わるという面がある。この点、自計式は好きな時間に記入できるが、質問の趣旨が理解できなかったり、調査員に質問できないといった不便な点がある。従って同じ調査事項であっても、自計式と他計式とでは結果に大きな差が出ることがある。

3 自由回答法と回答選択法

回答のさせ方には自由回答法と回答選択法とがある。自由回答法は被調査者にありのままを回答させ、その回答内容を後で調査員が分類する方法である。また回答選択法は、回答肢をあらかじめ設定しておいて回答者に選択させる方法である。どちらの方法によるかは質問の内容で自ずから決まることが多い。氏名や事業所名など回答肢の設定のしようがない場合、産業や職業のように回答肢が多過ぎて選択が困難な場合、時間・金額・従業員など桁数の多い項目の場合、それに微妙なニュアンスを読み取らなければならない場合などは、自由回答法によらざるを得ないだろう。しかし自由回答法は「書く」ということが敬遠される傾向があり、記入率が場合によっては20～30%減ってしまうことがある。

回答選択法は正確な回答が得られるが、回答肢の作り方次第で回答に偏りを生じてしまう恐れがある。最高裁判所判事の国民審査は記入用紙の端の方から×印が多いことでもわかる。

自由回答法と回答選択法の中間に、プリ・コーデット法という回答方法がある。これは調査員が被調査者に対してあらかじめ自由回答法により回答させたものを、自らの判断で調査票に記入する方法である。調査員に高度の判断能力が要求される。

3 統計機構

社会現象に関する統計調査は、官庁によって生産されることが圧倒的に多い、ということは既に述べたとおりである。従ってそこに一種の統計制度が形成されるのだが、当然のこととして国によってその制度は大きく異なる。統計機構はおおよそ、集中型と分散型とに分類されている。集中型は1つの官庁が殆どすべての統計の作成にあたるものであり、カナダ、オランダなどがその代表国として知られている。これに対して分散型は、多くの官庁がそれぞれ統計部局を持ち、その業務に関連する統計調査を行うものである。イギリス、アメリカ、フランス、がこれを採っている国として知られている。わが国もまた典型的な分散型の統計調査制度を採っている（**表2-2**参照）。

表 2-2　2つの統計機構

	集中型	分散型
意味	大部分の統計調査が1つの中央機関（例えば中央統計局）で一元的に行われる。	各省庁が各自統計部局を持ち、自らの業務に関連する統計調査を行う。
長所	統計の専門性を発揮しやすい。また、重複などのない整合的な統計体系が得易い。	行政ニーズに的確・迅速に対応することが可能である。また、各省庁が自らの行政に関する経験と知識を活用することができる。
短所	行政ニーズを的確、迅速に反映した統計調査が行われにくい。各省庁の経験や知識を活用しにくい。	統計調査の重複を招くなど、整合性を持った体系が得られにくい。統計相互の比較性が軽視されやすい。
採用国	カナダ、ドイツ等	米国、イギリス、日本等

1 指定統計制度

わが国の統計制度の大きな特徴は「指定統計制度」であろう。指定統計制度は1947年制定の「統計法」によって定められているものである。「統計法」によれば官庁の行う統計調査は、すべて総務省統計局への届け出が必要とされ、その中で特に重要とされる統計調査が「指定統計」の指定を受ける。ひとたび指定統計の指定を受けると、その統計調査は様々な権利と同時に義務を負う。重要な点をまとめると次の様になるだろう。

①被調査者に申告義務が課せられる（同法第5条）。②調査者に実地調査権が与えられ、必要とあれば調査員が立ち入り調査をすることもできる（同法第13条）。同時に秘密保持の義務が課せられる。③以上の義務違反にはそれぞれ罰則がある（同法19条1、2）。④調査主体は調査結果の公表の義務がある（同法16条）。ただし、これには罰則規定はない。

統計調査の届け出や指定は、統計調査の重複を避けることが主旨であるので、届けた統計調査すべてが「日の目を見る」わけではない。既存の統計の利用や、業務統計の利用で済む場合も数多く存在するのである。なお、小規模調査に関しては、統計報告調整法（1952年制定）があり、これによって重複調査の弊害が排除されることになっている。わが国の代表的統計は殆どが指定統計にされて、現在百数十件に上っている。**表 2-3** は現在作成され続けている指定統計調査を省別にまとめたものである。「番号欄」はこの統計調査が受けている

表 2-3　省別指定統計（現在作成されているもの）

指定番号	指定統計の名称	指定年月日
総務省　≪ 14 ≫		
1	国勢調査	昭 22. 5 .2
2	事業所・企業統計	昭 22. 5. 2
14	住宅・土地統計	昭 23. 5.17
30	労働力調査	昭 25. 1. 7
35	小売物価統計	昭 25. 5. 8
56	家計調査	昭 27. 9. 4
57	個人企業経済調査	昭 27. 9.11
61	科学技術研究調査	昭 28. 3.18
76	地方公務員給与実態調査	昭 29.12.23
87	就業構造基本調査	昭 31. 4.12
97	全国消費実態調査	昭 34. 5.23
108	全国物価統計	昭 42. 6.13
114	社会生活基本統計	昭 51. 8. 6
117	サービス業基本統計	平元 . 4.10
財務省　≪ 1 ≫		
110	法人企業統計	昭 45. 6. 8
国税庁　≪ 1 ≫		
77	民間給与実態統計	昭 30. 1.27
文部科学省　≪ 4 ≫		
13	学校基本調査	昭 23. 5.17
15	学校保健統計	昭 23. 6. 2
62	学校教員統計	昭 28. 3.28
83	社会教育調査	昭 30. 8.24
厚生労働省　≪ 8 ≫		
5	人口動態調査	昭 22. 6.19
7	毎月勤労統計調査	昭 22. 8. 2
48	薬事工業生産動態統計調査	昭 27. 3.11
53	屋外労働者職種別賃金調査	昭 27. 6. 5
65	医療施設統計	昭 28. 7. 7
66	患者調査	昭 28. 7. 7
94	賃金構造基本統計	昭 33. 3.25
116	国民生活基礎統計	昭 61. 6.18
農林水産省　≪ 7 ≫		
26	農林業センサス	昭 24. 9.29
33	牛乳乳製品統計	昭 25. 4. 4
37	作物統計	昭 25. 6.21
54	海面漁業生産統計	昭 27. 7. 2
67	漁業センサス	昭 28. 8.22
69	製材統計	昭 28. 9.30
119	農業経営統計	平 6. 7. 1
経済産業省　≪ 12 ≫		
10	工業統計調査	昭 22.11.21
11	経済産業省生産動態統計	昭 22.11.26
23	商業統計	昭 24. 6.15
40	埋蔵鉱量統計	昭 25. 8.31
43	ガス事業生産動態統計	昭 26. 3.28
46	特定機械設備統計調査	昭 27. 2.20
51	石油製品需給動態統計	昭 27. 3.31
64	商業動態統計調査	昭 28. 6. 3
113	特定サービス産業実態統計	昭 48.10. 1
115	経済産業省特定業種石油等消費統計	昭 55. 8.11
118	経済産業省企業活動基本統計	平 4. 9.11
120	商工業実態基本統計	平 10. 3.31
国土交通省　≪ 10 ≫		
6	港湾調査	昭 22. 6.19
28	船舶船員統計	昭 24.12.13
29	造船造機統計	昭 24.12.13
32	建築着工統計	昭 25. 3. 2
71	鉄道車両等生産動態統計調査	昭 29. 2.26
84	建設工事統計	昭 30.10.19
90	船員労働統計	昭 32. 3.25
99	自動車輸送統計	昭 35. 3.28
103	内航船舶輸送統計	昭 38. 3.30
121	法人土地基本統計	平 10. 5.20
≪　合　計　57　≫		

（総務省 HP, http://www.stat.go.jp/index/seido/1-3.htm）

指定統計の番号である。また、**表 2-4** はわが国の統計機構の一覧である。

2 統計調査の問題点

それでは、現実の統計調査はどのようになされているのであろうか。まず、総務省統計局を始めとして多くの中央官庁は、地方に出先機関としての統計事務所を持っているが、全国的な調査の場合には調査は都道府県から市町村へと委任され、調査業務の実務は市町村単位で行われることが多い。回収の時は逆に市町村から各都道府県へ集められ、審査の上、中央に送付されるという過程を辿る。このなかで幾つかの問題点が指摘されている。①わが国は分散型を採っているため調査実施期間が中央の省庁毎に行われ、調査日程が近接することが多く繁閑の差が著しい。②従って、実施機関である各市町村では統計調査員は臨時職員として採用されることが多い。有能な調査員を確保するために登録制を採用するなどの試みがなされている。③集計は中央で行われるので、実際に必要を感じている地方で利用するのに不便である。国勢調査の幾つかの報告書は、次回調査の直前まで発行されている。

3 統計制度改革（新統計法）

現行統計制度では必要とされる統計の不足、調整機能の不足、統計データの使い勝手が悪い、統計調査が困難になってきているといった点が指摘されていたことから、新たな統計法が平成 19 年 5 月 23 日公布され、公布日より 2 年以内に全面施行されることになった。新統計法は「行政のための統計」から「社会の情報基盤としての統計」というスローガンの下、統計がより体系的・効率的に整備されるよう全面改訂された。主な点は次の 4 つ。①公的統計の体系的・計画的整備の推進：業務統計・加工統計を含め、国勢調査や国民経済計算などを基幹統計として位置づけ、基本計画に基づく体系的整備がなされる。②統計データの有効利用の促進：学術研究目的などのために、オーダーメイドで集計された統計の提供を受けたり、匿名データの提供を受けて統計の作成に用いることができる。③統計調査の対象者の秘密保護の強化：統計作成時の情報を目的以外に使用したものや守秘義務違反者に対する罰則の強化。④統計整備の「司令塔」機能の強化：専門的且つ中立公正な調査審議機関として 13 名以内の学識経験者による統計委員会が内閣府に設置される（平成 19 年 9 月現在）。

表 2-4　わが国の統計機構一覧（平成 18 年 4 月 1 日現在）

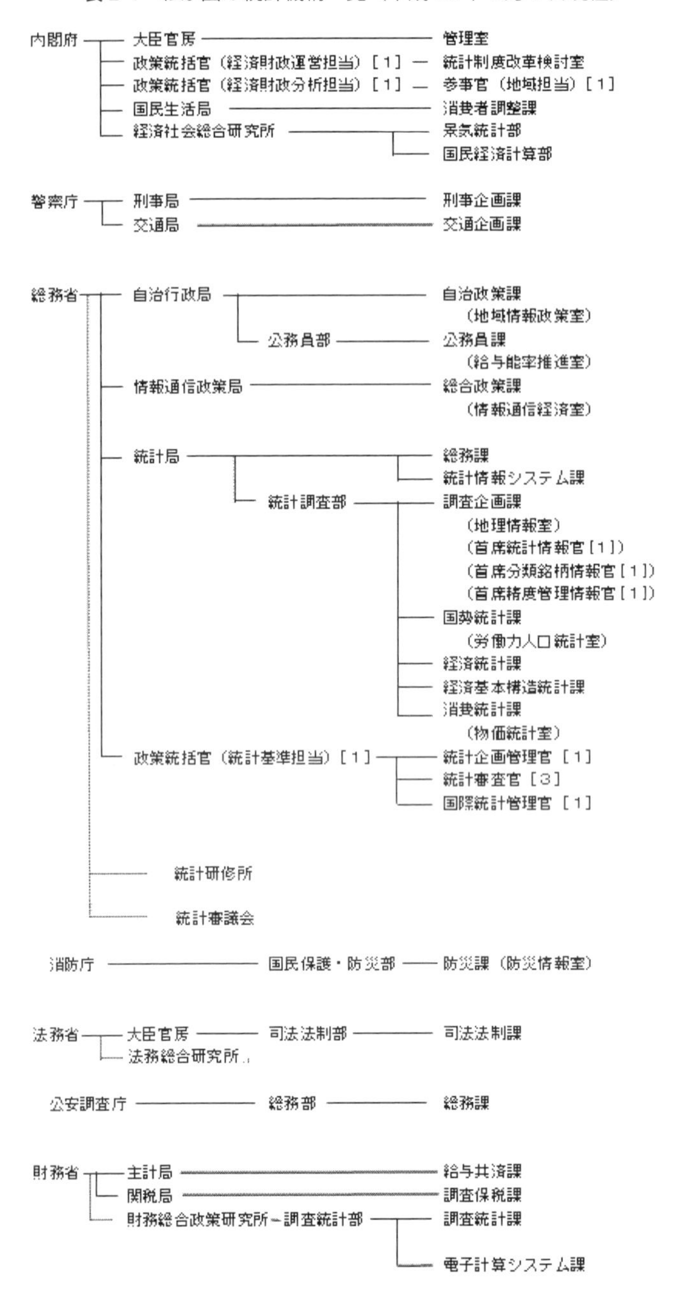

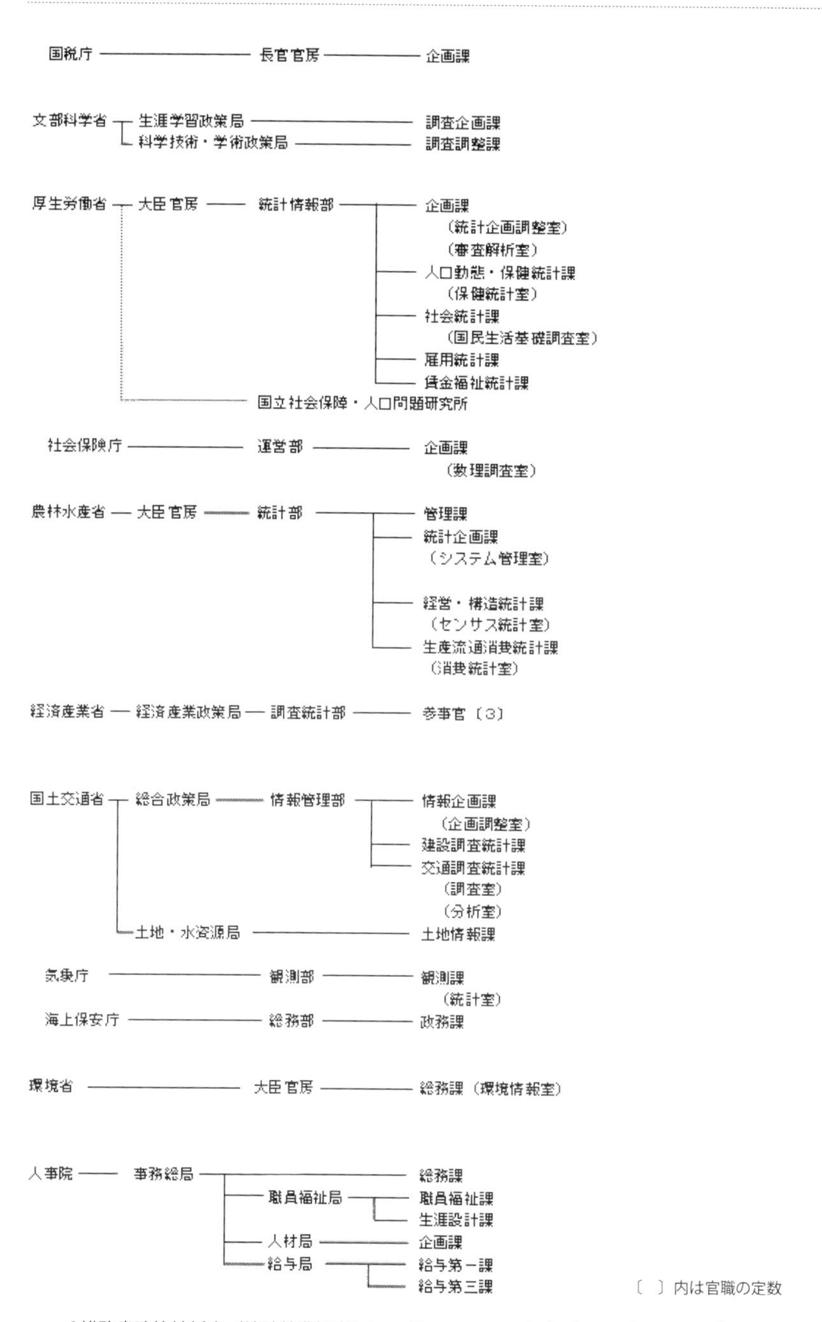

［総務省政策統括官（統計基準担当）http://www.stat.go.jp/index/seido/2-2.htm］

Chapter 2
練習問題

問 1. **表 2-1** で示した国勢調査調査項目はそれぞれ何のために使われるのか調べなさい。

問 2. 国勢調査に答える義務があるのだろうか。あるとしたらどうしてか、述べなさい

問 3. 1920 年（大正 9 年）に第 1 回調査が行われた時からわが国の国勢調査は 10 月 1 日である。どうしてこの日に行われるようになったのか、調べなさい。

問 4. ホームレスの人々は国勢調査でカバーされるか（調査対象となっているか)。カバーされるとすればどのような方法で調査されるのか調べなさい。

問 5. 国勢調査で調査された事項の秘密は保護されるのか。また、名前はどうして記入しなければならないのかを述べなさい。

問 6. 平成 17 年の国勢調査はどのように計画され実施されたか調べなさい。また前回の平成 12 年調査（大規模調査）と今回の調査項目を比較しなさい。

問 7. 諸外国の国勢調査はいつ始まったのか、わが国と比較しなさい。

問 8. 主な指定統計の調査範囲・対象、調査方法、調査項目や公表される統計書の名前を調べなさい。

問 9. 指定統計で、国民の健康状態を調べるには何を利用すべきか。統計調査名と報告書名を答えなさい。

問 10. 第一義統計と第二議統計の違いを簡単に述べなさい。

問 11. **表 2-2** に掲載されている国以外で、分散型、集中型を採っている国があるかどうか、調べなさい。

Chapter 3
統計データを整理する

1 統計データと製表過程

通常われわれが使う統計データは、統計表の形で存在している。統計表の形になっていないとしても、統計表の形にしてから利用することになる。従って入手した統計データの意味を理解するためにも、統計表の基本的仕組みを充分理解しておく必要がある。

1 統計表の様式

まず「入れもの」としての統計表の様式について説明しておく。統計表は一般に、表番号、表題、頭注、表側、表体、行、欄（列）、脚注、などからなる。それぞれの位置は**図 3-1** にある通り。表番号は例えば「3-(1) 表」、あるいは「第 3-1 表」といったような書き方をする。また、表題は、統計表の内容を的確に

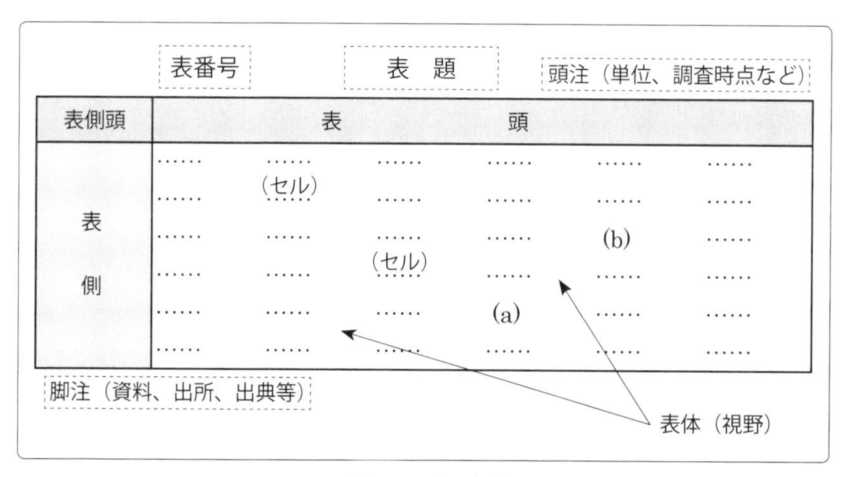

図 3-1　表の名称

そして簡潔に言い表したものでなければならない。統計表右上には頭注を置くことが多い。頭注は表題を補う副題的なもので、定義や単位、調査時点などを記す。例えば「千人単位」や「平成18年調査」などである。表の中の分類項目を書きこむ部分は、表頭と表側と呼ばれる。

この例のように2つの系列が組み合わされた統計表のほかにも、三重、四重のクロス表が使われることがある。表頭・表側に示す配列順序は、①都道府県、産業、職業など分類順序が決まっているもの、②分類項目の大小や五十音順、アルファベット順、などが考えられる。しかし、どの配列順序を使うかは、当該表の利用目的に依存することになる。表側と表頭の使い分けでは、分類項目が多い方を表側にすることが多く、実際合理的である。例えば、男女別・都道府県別人口を統計表にする時には、表頭に合計人口、男人口、女人口を、表側部分に合計人口・北海道・青森・秋田……の人口を書きこむことになる。合計は始めに記すべきである。実際にデータが書きこまれる部分を「表体」、あるいは「視野」と呼んでいるが、これは行と列に従い配列される。例えば表中(a) は4列5行目、(b) は5列3行目と読む。

最後に表の左下に置かれる脚注は、統計表の表頭・表側または表体数字一部に関する注意事項や統計数字の出所・出典を載せる。特に資料出所は、原データまで遡って調べる必要がある時などがあるために、必ず的確な形で表記すべきである。例えば、**出所:総務省統計局、国勢調査(平成12年)より**、などとする。最近では、インターネットで簡単に統計表が入手できるようになった。そのような時でも追跡確認ができるように、調査の名称まで明記したほうが親切である。例えば、**経済産業省「平成14年工業統計調査　産業編『概要版』」経済産業省サイト http://www.meti.go.jp/statistics/(2004年3月)より**、とする。

2 統計表の符号

次に統計表にしばしば用いられる符号について述べる。代表的なものとして「p」は暫定数字を示す。「r」は訂正数字である。速報結果などの暫定数字を訂正する時に使われる。「0」は単位未満である。千人単位で示す時498は統計表のなかでは0と記される。皆無とは異なるので注意が必要である。皆無は「—」で示す。「…」は不詳を示す。ある項目について調査されていないなどの理由で情報が得られない時に用いる。「x」は秘匿を表す。調査対象が数個のみで、統計数字を明らかにすると個人名や事業所名が分かってしまうような場合に用いる。

2 統計系列について

統計系列は統計数字を配列する時の基準となるもので、統計表の設計・企画の段階から既に統計調査の原理として組み入れられている。統計表を利用する際に大変重要な指標となるので、しっかり学習しておくことが求められる。

統計系列としては、次のような要件を満たしたものであることが望まれる。①一貫した分類原理に基づいて分類され系列の各項が成立していること、②各項目相互に比較適性を持つこと、③系列全体として概観性を持つこと。

統計系列には後述の「統計系列の分類」のように基本的に 4 つの種類、❶質的系列、❷量的系列、❸時系列、❹場所的系列がある。

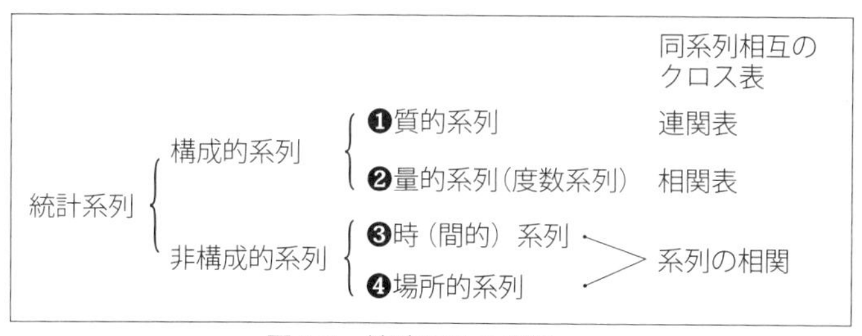

図 3-2　統計系列の分類

1 質的系列

系列が項目の質の差異によって区分されているもの。**表 3-1** は産業大分類別就業者数で質的系列の代表例であろう。日本標準産業分類、日本標準職業分類、日本標準商品分類などのように経済学で頻繁に利用される質的分類には共通の分類基準が用意されている。

2 量的系列

系列が項目の量的差異によって区分されているもの。**表 3-2** は所定内給与額階級、労働者数の表であり、量的分類の例として掲げた。質的系列には特に配列順序は決まっていないので、後に述べる標準分類に従って順序を定める。量

表 3-1　産業大分類別就業者数（平成 22 年）

産業大分類	実数（千人）	割合（%）
総数	58,295	100.0%
A 農業、林業	2,280	3.9%
B 漁業	177	0.3%
C 鉱業、採石業、砂利採取業	26	0.0%
D 建設業	4,580	7.9%
E 製造業	9,526	16.3%
F 電気・ガス・熱供給・水道業	294	0.5%
G 情報通信業	1,659	2.8%
H 運輸業、郵便業	3,222	5.5%
I 卸売業、小売業	9,913	17.0%
J 金融業、保険業	1,532	2.6%
K 不動産業、物品賃貸業	1,161	2.0%
L 学術研究、専門・技術サービス業	1,876	3.2%
M 宿泊業、飲食サービス業	3,488	6.0%
N 生活関連サービス業、娯楽業	2,249	3.9%
O 教育、学習支援業	2,656	4.6%
P 医療、福祉	6,169	10.6%
Q 複合サービス事業	396	0.7%
R サービス業（他に分類されないもの）	3,450	5.9%
S 公務（他に分類されるものを除く）	1,969	3.4%
T 分類不能の産業	1,673	2.9%
第 1 次産業	2,456	4.2%
第 2 次産業	14,131	24.2%
第 3 次産業	40,034	68.7%

表 3-3　1 世帯当たり年平均 1 ヶ月間の収入（勤労者世帯）　（単位：円）

年　次	世帯人員	有業人員	実収入	＃勤め先収入	世帯主収入	定期収入	臨時収入賞与	他の世帯員収入	＃事業・内職収入
昭和 50 年	3.82	1.50	236.152	222.455	198.316	149.450	48.866	24.140	4.590
55	3.83	1.50	349.686	330.587	293.362	226.117	67.245	37.225	5.889
60	3.79	1.57	444.846	419.610	367.036	284.330	82.705	52.574	6.388
平成　2 年	3.70	1.64	521.757	490.626	430.670	332.026	98.644	59.955	5.216
3	3.71	1.66	548.769	515.365	448.226	342.868	105.359	67.139	5.151
4	3.69	1.68	563.855	529.490	462.253	357.068	105.184	67.237	5.583
5	3.65	1.68	570.545	536.070	468.324	364.427	103.897	67.746	5.481
6	3.63	1.67	567.174	532.442	468.000	369.944	98.057	64.442	5.075
7	3.58	1.67	570.817	536.458	467.799	374.148	93.651	68.659	4.035
8	3.53	1.66	579.461	543.687	474.550	378.409	96.141	69.137	4.089
9	3.53	1.66	595.214	558.596	487.356	388.738	98.619	71.240	3.977
10	3.50	1.66	588.916	551.283	480.122	386.466	93.656	71.161	3.312
11	3.52	1.65	574.676	537.461	468.310	381.995	86.314	69.151	3.427
12	3.46	1.65	560.954	526.331	460.436	379.700	80.737	65.895	3.747
13	3.47	1.66	551.160	514.328	449.310	371.407	77.903	65.015	4.322

的系列は自ずから大小の順序があり、小から大に向かって配列されることが多い。

③ 時（間的）系列

年、四半期、月、日などの時間の経過に沿って収集されたデータを時（間的）系列と呼んでいる。**表 3-3** は、1 世帯当たり年平均 1 ヶ月の収入と支出という一定の定義を、昭和では 5 年毎に、平成 2 年からは毎年調査したものを示している。

④ 場所的系列

時間を固定した上で、都道府県、国別など地域的属性別に収集されたデータを場所的系列と呼ぶが、その他にも交差系列、横断面系列やクロスセクションデータという言い方がある。**図 3-2** のシェーマの最右欄には、系列が二重に示された場合の名称を載せてある。質的系列と質的系列を組み合わせた表は、連関表という。どちらも産業別データである場合は特に「産業連関表」（**表 3-4** 参照）と呼ばれ、独自の分析方法が確立している。度数分布同士の組み合わせ表は相関表と呼ばれ、第 10 章で詳しく説明する。時系列とクロスセクションの組み合わせは、パネルデータとも呼ばれる。クロスセクションデータを構成する主体である個人、事業所や家計の銘柄を固定し（パネルを貼り）、時間とともに各主体の変化を追跡してできたデータである。「連続写真」に例えられ便利な点が多く、近年計量統計学の新たな手法として利用度が増えてきている。例えば（財）家計経済研究所「消費生活に関するパネル調査」などがある。統計表

表 3-2 労働者数（所定内給与額階級、2002 年）

（単位：10 人）

区　分	年齢計
全労働者	2,088,420
男性労働者	1,464,319
～　99.9 千円	3,080
100.0 ～ 119.9	6,905
120.0 ～ 139.9	14,390
140.0 ～ 159.9	30,677
160.0 ～ 179.9	56,791
180.0 ～ 199.9	81,521
200.0 ～ 219.9	106,698
220.0 ～ 239.9	111,249
240.0 ～ 259.9	111,451
260.0 ～ 279.9	103,042
280.0 ～ 299.9	93,107
300.0 ～ 319.9	90,026
320.0 ～ 339.9	81,307
340.0 ～ 359.9	73,436
360.0 ～ 379.9	66,305
380.0 ～ 399.9	57,527
400.0 ～ 449.9	115,895
450.0 ～ 499.9	79,722
500.0 ～ 549.9	57,034
550.0 ～ 599.9	38,206
600.0 ～ 699.9	46,777
700.0 ～ 799.9	21,067
800.0 ～ 899.9	9,174
900.0 ～ 999.9	3,988
1000.0 ～ 1199.9	2,690
1200.0 千円～	2,255

（厚生労働省「平成 14 年賃金構造基本調査報告」）

を、漫然と見るのではなく、どのような原理で分類されている表なのかを考えながら見ると、より深い理解が得られるだろう。

表 3-4 産業連関表（2000 年、確報、生産者価格評価表）

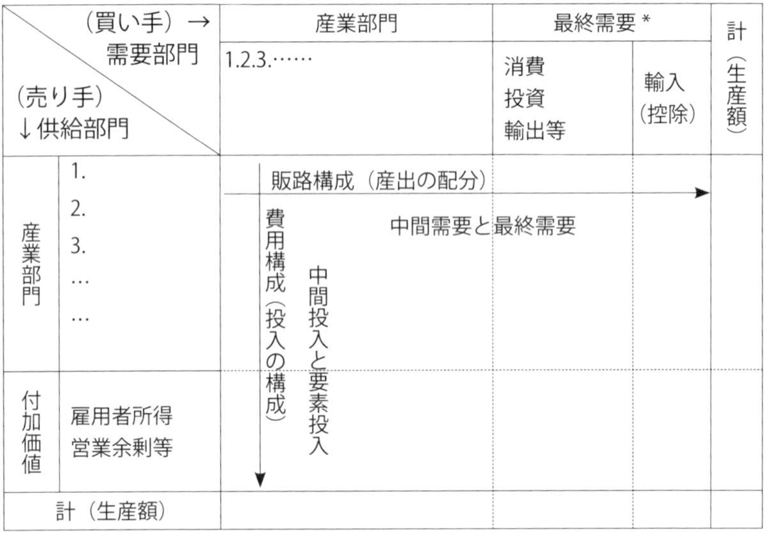

（買い手）→ 需要部門 （売り手）↓供給部門		産業部門	最終需要＊		計（生産額）
		1.2.3.……	消費 投資 輸出等	輸入（控除）	
産業部門	1. 2. 3. … …	販路構成（産出の配分）→ 中間需要と最終需要 費用構成（投入の構成）↓ 中間投入と要素投入			
付加価値	雇用者所得 営業余剰等				
計（生産額）					

＊便宜上輸入を最終需要にマイナスで含めてある
（宮沢健一編『産業連関分析入門』日本経済新聞社）

3 度数分布と階級分け

量的系列は単位数の変化によって分布の形を変えるので、特に度数分布と呼ばれる。たまたま同一階級幅で統一されている統計表もあるが、経済学が対象とする度数分布では階級幅が固定されていることはむしろ稀である。**表 3-5-a**、**3-5-b** には、階級幅が様々な事情により変化した例を載せてある。どのような事情が背後にあるのか、もし階級幅が固定されたものであったならどのような統計表になったか、考えてみよう。またこの例の他にも、経済学に特有な階級分けをしている統計表を探してみよう。

表 3-5-a　特殊な変量の級別の例

農家・経営耕地面積規模別 a	b	製造事業所・従業者規模別	企業・資本金階級別
～ 0.3ヘクタール未満	～ 0.5ヘクタール未満	～ 9 人	～ 100 万円未満
0.3 ～ 0.5 〃	0.5 ～ 1.0 〃	10 ～ 19	100 ～ 200
0.5 ～ 1.0 〃	1.0 ～ 2.0 〃	20 ～ 29	200 ～ 300
1.0 ～ 1.5 〃	2.0 ～ 3.0 〃	30 ～ 49	300 ～ 500
1.5 ～ 2.0 〃	3.0 ～ 5.0 〃	50 ～ 99	500 ～ 1,000
2.0 ～ 2.5 〃	5.0 ～ 7.5 〃	100 ～ 199	1,000 ～ 5,000
2.5 ～ 3.0 〃	7.5 ～ 10.0 〃	200 ～ 299	5,000 ～ 1 億円未満
3.0 ～ 5.0 〃	10.0 ～ 15.0 〃	300 ～ 499	1 億円～ 10 〃
5.0 ～	15.0 ～ 20.0 〃	500 ～ 999	10 〃 ～ 50 〃
	20.0 ～ 30.0 〃	1,000 人以上	50 〃 ～ 100 〃
	30.0 ～		100 億円以上

例外規定を除く。a は都府県 b は北海道に適用

表 3-5-b　特殊な変量の級別の例

（産業、企業規模別の月間決まって支給する現金給与額、平成 13 年）　（単位：千円）

企業規模	産業計	鉱業	建設業	製造業	電気ガス熱供給水道業	運輸通信業	卸売小売業飲食店	金融保険業	不動産業	サービス業
男										
10 ～ 99 人	322	315	321	316	393	308	322	430	349	335
100 ～ 999	362	363	381	356	426	328	350	439	428	381
1,000 人以上	441	440	482	432	469	419	419	526	462	442
女										
10 ～ 99 人	213	204	205	185	270	211	210	269	220	233
100 ～ 999	239	241	231	204	266	224	228	246	251	265
1,000 人以上	271	239	257	256	307	306	254	256	236	306

1）家事サービス業、外国公務を除く
（厚生労働省『賃金構造基本統計調査報告』）

適切な階級数はどのようにして求めるべきであろうか。以下に示すスタージェスの公式(3-1)等を用いておおよその階級数を見つける方法などもあるが、要はできるだけ少ない階級数で、分布の構造をある程度分かるようにすることである。通常 10 ～ 20 階級程度が良いとされている。

$$m = 1 + \log N / \log 2 = 1 + 3032 \log N \quad \cdots\cdots (3\text{-}1)$$

（ただし、m は求める階級数、N は集団の総単位数、log は常用対数である）

表 3-6 には、異なった階級幅を持った度数分布（階級の間隔が不揃いな場合）を扱う時の注意が示されている。基準となる階級幅から大きくなった分だけ相

表 3-6　度数分布とヒストグラム（階級の間隔が不揃いな場合）

勤労者世帯の貯蓄現在高階級別世帯分布

（1998年12月31日現在）

貯蓄現在高 階級	平均 貯蓄 現在高	度数 (世帯数) 抽出率調整	相対 度数 %	累積相 対度数 %	標準級間隔 (200万円) と各級間隔の倍率	調整された柱の高さ
万円未満 ～200	万円 104	1146	11.46	11.46	1	11.46
200～ 400	300	1205	12.05	23.51	1	12.05
400～ 600	496	1205	12.05	35.56	1	12.05
600～ 800	696	980	9.80	45.36	1	9.80
800～1,000	885	903	9.03	54.39	1	9.03
1,000～1,200	1092	761	7.61	62.00	1	7.61
1,200～1,400	1296	547	5.47	67.47	1	5.47
1,400～1,600	1484	513	5.13	72.60	1	5.13
1,600～1,800	1698	381	3.81	76.41	1	3.81
1,800～2,000	1901	279	2.79	79.20	1	2.79
2,000～2,500	2238	615	6.15	85.35	2.5	2.46
2,500～3,000	2705	452	4.52	89.87	2.5	1.81
3,000～4,000	3438	479	4.79	94.66	5	0.96
4,000～	6038	535	5.35	100.01		
合　計		10001	100.01			

貯蓄とは，郵便局・銀行・その他の金融機関への預貯金，生命保険・積立型損害保険の掛金(加入してからの払込総額)，株式(時価)・債券(額面)・投資信託(時価)・金銭信託・貸付信託等(額面)といった有価証券の金融機関への貯蓄と，社内預金，勤め先の共済組合などの金融機関外への貯蓄の合計をいう。

出所　総務庁統計局「平成10年貯蓄動向調査報告」1999年6月

図1　柱の高さを相対度数に合わせた図

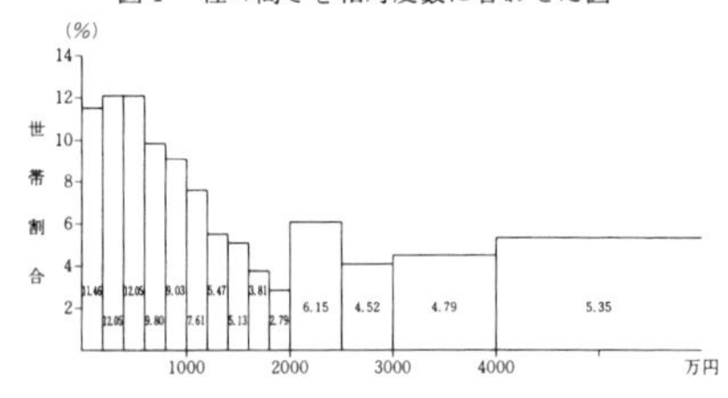

図2　柱の面積を相対度数に合わせた図

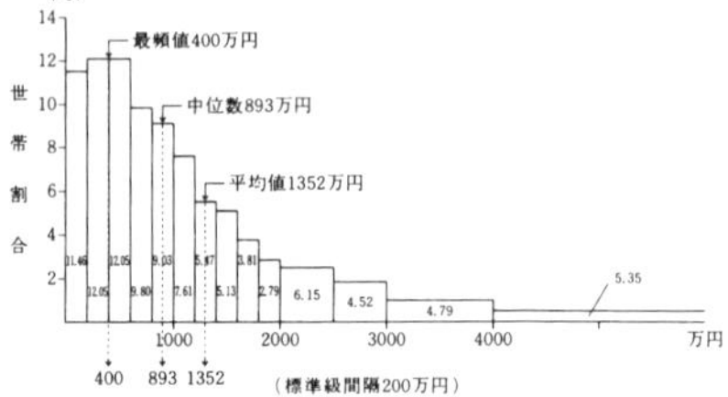

（田中尚美　編『統計資料集 2000』産業統計研究社）

対度数を修正する必要がある。第1階級と最後の階級は未満や以上としてあり、はっきりとした階級幅が示されていない。これらはオープンエンドと呼ばれる。どのような解決法があるか4章で詳しく説明する。いずれにせよ階級幅が不揃いな度数分布の扱い方を、しっかり理解しておくことが必要である。

4 統計分類表について

質的系列を扱う場合に自分勝手に独自の分類を行ってはいけない。行ったとしてもそれは意味をなさないことに気がつくであろう。そこで標準統計分類の制度を利用することになる。現在日本では、日本標準産業分類、日本標準職業分類、日本標準商品分類、建築物用途分類、都市地区分類、疾病・傷害及び死亡統計分類などが制定されているが、時代の変化に合わせて改訂がなされる。特に産業大分類は平成14年に大きな改訂があったので、大分類と中分類の変更点を参考に載せておく。また国際的な標準分類も提案されており、日本の標準統計分類の大部分はそれに依拠している（**表3-7、3-8、3-9**参照）。

表 3-7　日本標準産業

A	農業、林業	K	不動産業、物品賃貸業
B	漁業	L	学術研究、専門・技術サービス業
C	鉱業、採石業、砂利採取業	M	宿泊業、飲食サービス業
D	建設業	N	生活関連サービス業、娯楽業
E	製造業	O	教育、学習支援業
F	電気・ガス・熱供給・水道業	P	医療、福祉
G	情報通信業	Q	複合サービス事業
H	運輸業、郵便業	R	サービス業（他に分類されないもの）
I	卸売業、小売業	S	公務（他に分類されるものを除く）
J	金融業、保険業	T	分類不能の産業

表 3-8　日本標準職業分類（平成 9 年 12 月改訂）

日本標準職業分類（平成 9 年 12 月改訂）の一部改訂について

平成 10 年 2 月の「児童福祉法施行令等の一部を改正する政令」(平成 10 年政令第 24 号) 及び平成 13 年 11 月の「保健婦助産婦看護婦法の一部を改正する法律」（平成 13 年法律第 153 号）の施行に伴い、「保母」の名称が「保育士」に、「保健婦、助産婦、看護婦」の名称が「保健師、助産師、看護師」に改正されたことを踏まえ、日本標準職業分類の分類項目の一部改訂が必要となったため、平成 14 年 6 月 7 日に以下のとおり改訂した。

大分類項目表

A	専門的・技術的職業従事者
B	管理的職業従事者
C	事務従事者
D	販売従事者
E	サービス職業従事者
F	保安職業従事者
G	農林漁業作業者
H	運輸・通信従事者
I	生産工程・労務作業者
J	分類不能の職業

(1)「保健婦助産婦看護婦法の一部を改正する法律」を踏まえた改訂点

改　訂　後	改　訂　前
大分類 A 専門的・技術的職業従事者 中分類 09 保健師、助産師、看護師 小分類 091 保健師 小分類 092 助産師 小分類 093 看護師	大分類 A 専門的・技術的職業従事者 中分類 09 保健婦、助産婦、看護婦 小分類 091 保健婦・保健士 小分類 092 助産婦 小分類 093 看護婦・看護士

(2)「児童福祉法施行令等の一部を改正する法令」を踏まえた改訂点

改訂後	改訂前
大分類A 専門的・技術的職業従事者 中分類12 社会福祉専門技術者 小分類121 福祉相談指導専門員 小分類122 福祉施設指導専門員 小分類123 保育士 小分類124 福祉施設寮母・寮父 小分類129 その他の社会福祉 専門職業従事者	大分類A 専門的・技術的職業従事者 中分類12 社会福祉専門技術者 小分類121 福祉相談指導専門員 小分類122 福祉施設指導専門員 小分類123 保母・保父 小分類124 福祉施設寮母・寮父 小分類129 その他の社会福祉 専門職業従事者

(総務省統計局 http://www.stat.go.jp/index/seido/9-2.htm)

表3-9　日本標準商品大分類(平成2年6月改訂)

序　説	日本標準商品分類の概要
大分類1	粗原料及びエネルギー源
大分類2	加工基礎材料及び中間製品
大分類3	生産用設備機器及びエネルギー機器
大分類4	輸送用機器
大分類5	情報・通信機器
大分類6	その他の機器
大分類7	食料品・飲料及び製造たばこ
大分類8	生活・文化用品
大分類9	スクラップ及びウエイスト
大分類0	分類不能の商品

(出所：上に同じ)

5 年鑑・ガイドブック、インターネットサイト

各分野の統計データが冊子で入手できるほか、最近では多くの官庁統計がインターネット経由で閲覧できるようになった。要約統計書・ガイドブックでは、総務省統計局編『日本統計年鑑』日本統計協会発行、が各分野の統計や作成方法などを解説している。また、総務省統計局編『日本の統計』国立印刷局発行はコンパクトに各分野の統計結果をまとめている。同じく総務省統計局編『世界の統計』国立印刷局発行は、わが国の各分野の統計を各国との比較でまとめていて便利である。各省庁の刊行物と関連する書籍・雑誌の目録として、全国官報販売協同組合編『政府刊行物総合目録』がある。

総務省統計局統計センター http://www.stat.go.jp/ には、総務省統計局が作成した統計の結果だけでなく、中央省庁が作成している統計関連情報の検索が可能なほか、国内外の統計機関へのリンク集があるので大変便利である。全国官報販売共同組合の URL は、http://www.gov-book.or.jp/ でインターネットから各省庁の刊行物の情報や書籍・雑誌の情報を得ることができる。全国数ヶ所には政府刊行物サービスセンターがあり、政府刊行物を直接手にして見ることができる。

主なデータベース

日本銀行 http://www.boj.or.jp
内閣府 http://www.cao.go.jp
日本経済研究センター http://www.jcer.or.jp
経済データ http://www.econ-jp.com/
日経リサーチ http://www.nikkei-r.co.jp/
総理府アンケート http://www.sourifu.go.jp/survey/
財務省 http://www.mof.go.jp/
大和総研 http://www.dir.co.jp

Chapter 3
練習問題

問 1. 次に挙げる統計表の表題が、図 3-2 にある 4 種類の統計系列を更に計量統計と計数統計分けた時、どれに属するかを考えなさい。1 ～ 8 が A ～ H に対応する。

1. 年齢別人口　2. 資本金階級別総売上高　3. 都道府県別製造業出荷額　4. 区市町村別事業所数　5. 職業別就業者数　6. 月別輸出額　7. 年次別世帯数　8. 産業別国民所得

A. 時間的系列の計数統計　B. 時間的系列の計量統計　C. 場所的系の計数統計　D. 場所的系列の計量統計　E. 量的構造統計の計数統計　F. 量的構造統計の計量統計　G. 質的構造統計の計数統計　H. 質的構造統計の計量統計

問 2. 上記 4 種類の統計系列に相当する例を、それぞれ 2 個以上探しなさい。

問 3. 経済学で使われる度数分布の中で、階級幅が一定でない例を探しなさい。

問 4.「事業所・企業統計調査」から、仙台市に民間フィットネスクラブが幾つあるかを調べなさい。

Chapter 4
統計図表の見方・使い方

2章で私達は、必要とする統計データがどこにどのような形で存在するかを知った。さらに3章では、統計データを統計表の形に要約する方法を学んだ。今後は集められた統計データを、目的に沿って分析していく方法を学ぶことになる。様々な統計処理法を学んでいくことになるが、ここで一歩立ち止まり、自分が対象としている統計集団がどのような形をしているか、全体像がどのようなものかを見失わないために、統計図表の見方を学んでおこう。いかに高度な統計処理を施そうとも、収集された統計データが持っている情報を越えることはない。自分が今向き合っている統計集団を視覚的・直感的に把握するために、統計図表は実に優れている。

1 図表の簡単な歴史

統計図表の歴史は意外に古い。彗星の発見者でもあるハレー（E. Halley）は17世紀後半、直交座標のアイデアを導入した。彼は海面上のいろいろな高さに対する圧力を気圧計で測り、直交座標上に測定値をプロットし、それらの点に双曲線を当てはめ「この双曲線を用いれば、測定値以外の高さに対しても気圧が算出できる」と結論づけ、このグラフを1686年に発表している。また政治算術派のプレフェア（W. Playfair）は、財政統計に図表法を応用した棒グラフや円グラフの考察を行っている。さらに19世紀になると統計図表の本格的な研究が始まる。ラランネ（L. Lalanne）は多変量分析を平面状で行う試みや、対数目盛りを持つグラフを紹介し、1910年にはパドル（J. B. Paddle）によって初めて本格的なグラフに関する本『グラフ作成法』が出版されている。

20世紀に入り、多変量をいかにして平面上で直感的に捉えるかという問題に、チェルノフ（H. Chernoff）が1973年、顔形グラフで答えた。顔形グラフのアイデアはその後、脇本、田栗らによって展開され、体型グラフ、連結ベクトルグラフ、星座グラフなどの発想を生むことになる。（**図4-1-a、4-1-b**参照）

基本構成図

3人のプロ野球選手の年間成績（16変量）の表示例

平均的な顔

図4-1-a　チェルノフの顔形グラフ

（竹内啓、他『統計学辞典』東洋経済新報社）

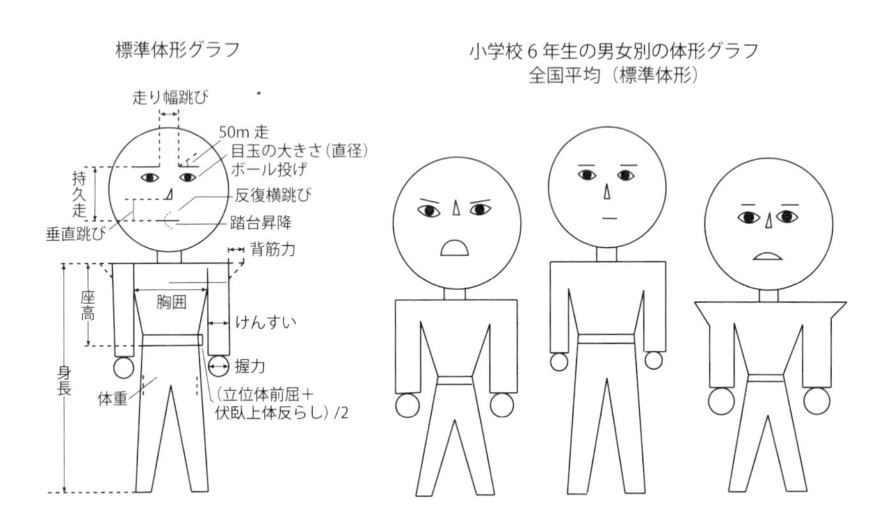

図4-1-b　体形グラフ

（出典：上に同じ）

2 尺度の種類

ところで物の大きさを測るとか、比較をするというのは、どの物指し（尺度）を選ぶのかということと密接に関連する。一般に尺度の種類として、次の4つのものがあるとされる。

❶名儀（類別）尺度：観察結果の対比によって、同じか異なるかの区別しかできないもの。例えば、男女の別、有無を0/1で表したもの、などである。

❷序数（順序）尺度：順序の比較しかできないもの。例えばスポーツの入賞者は、タイムそのものより順序が大事なことがある。選挙も獲得票数よりも順番が大切であろう。

❸間隔尺度：差の比較はできるが、比の比較ができないもの。例えば気温の表現が好例であろう。昨日5℃あって今日が10℃の時、今日は昨日より5℃暖かいとは表現するが、2倍暖かいという事実はない。

❹比例（比率）尺度：差の比較も、比の比較もできるもの。われわれの身の回りにあるものの大きさは、大抵この尺度で測定される。間隔尺度との違いは絶対的基準（基線となるべきゼロ）が存在するかどうかである。

3 実際の書き方

統計図表の体系化は、統計系列に基づき行われるべきであろう。3章での統計系列の順序、[1]質的系列、[2]量的系列、[3]場所的系列、[4]時系列、に従って説明していく。

また、統計グラフを描くときには次の点に留意する必要がある。①最も適当なグラフを選ぶ、②できるだけ正確に描く、③直感的に分かりやすく描く、④見た目に快いグラフにする。

[1] 質的系列を示す場合

◆実数値の場合は棒グラフが最適である。棒グラフを描く時に注意されるべきことは、①棒は同じ大きさで等間隔に、棒の間隔は太さの2/3～1/3程度がよい。②順序は日本標準産業分類などの基準に従う。特にそのような基準が無い時には大きさの順序に従う。③基線（零線）は太く描き、必ず入れる。④棒は全長を描くべきである。⑤目盛は算術目盛を用いるべきである（以下は3つの棒グラフの好例だが、質的系列に限らない）。（図4-2-a、4-2-b、4-2-c参照）

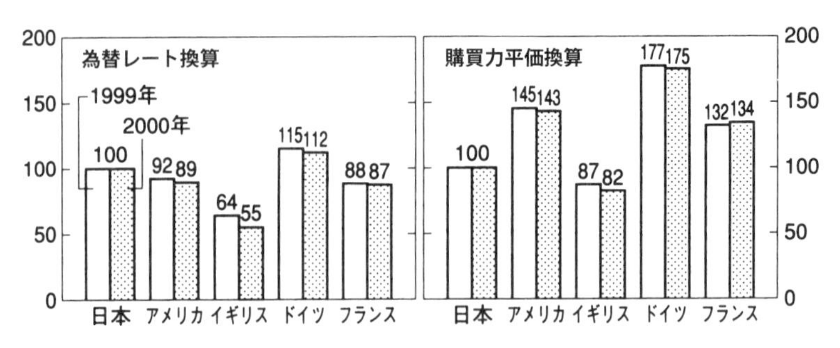

図4-2-a　棒グラフの例1（主要国の賃金格差）
（製造業、日本を100とする指数）

（日本労働研究機構『データブック国際労働比較』2003年版）
原資料はILO、OECD及び各国資料。同機構による試算値。

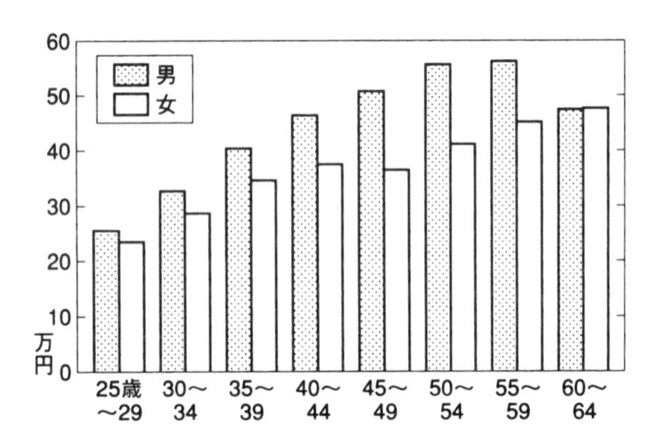

図4-2-b　棒グラフの例2（男女別・年齢別賃金）
（2002年6月分、全調査産業、大学卒）

（厚生労働省『賃金構造基本統計調査』2002、所定内給与額）

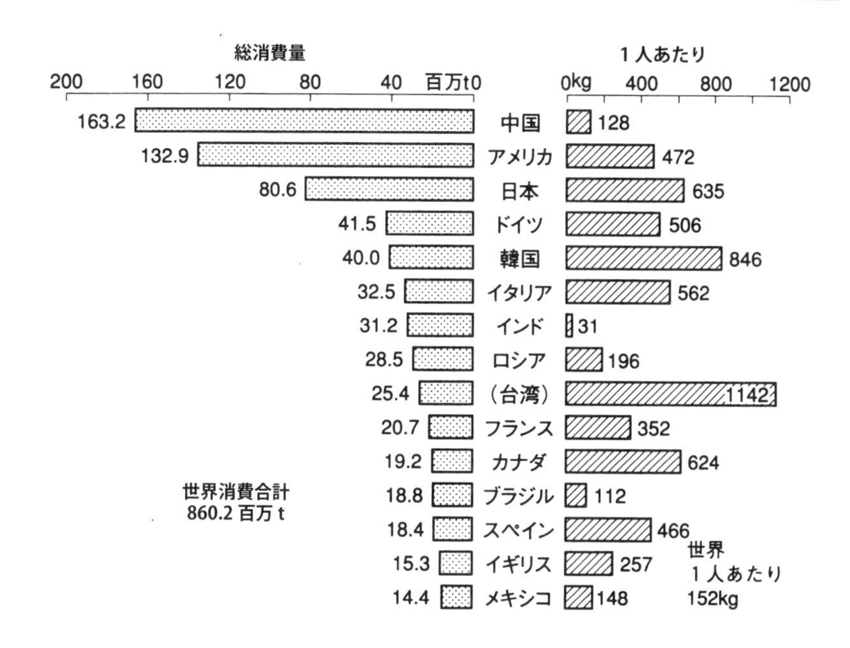

図4-2-c　棒グラフの例3(主要国の粗鋼消費、2000年)
(鉄鋼統計専門委員会『鉄鋼統計要覧』2002年版)
1人あたり消費の計算方法は（粗鋼生産＋輸入－輸出）÷総人口

◆アイソタイプ（ISOTYPE）は International System of Typographic Picture Education の略で絵画図表や単位絵記号グラフと訳されるが、今日ではむしろ「アイソタイプ」と言って一般に通じる。アイソタイプは文字の読めない子供からお年寄りまで直感的に理解できる利点があるが、装飾が多くなって混乱することのないようにしなければならない。(図 4-3 参照)

◆構成比を重要視する場合は帯グラフが便利である。このグラフの特徴は単一の構成比を見るものであるが、時間的、場所的変化などの比較にも向いている。円グラフはパイグラフや円形内訳グラフといわれる。基線は12時の位置とし、時計回りに配置する。作図に際しては、角度を十進法に換算した用紙も市販されているので、それを利用すると良い。また、円の一周をあらかじめ100%に分割してある「百分率全円分度器」という名称の物指しも市販されているので利用するとよい。(図 4-4-a、4-4-b、図 4-5 参照)

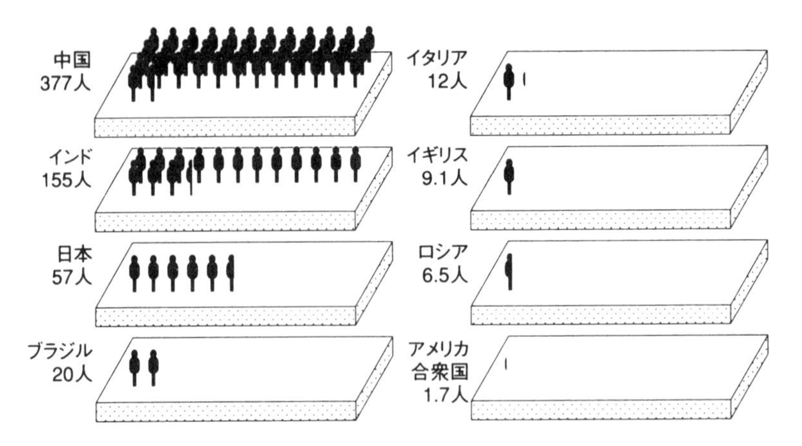

図 4-3　アイソタイプの例（耕地あたり農業従事者数）

人物人形 1 個につき 10 人を示す。農業従事者数には林業・水産業者を含む。
耕地は田畑、樹園地の合計。
（矢野恒太郎記念会『日本国勢図会 2003』）

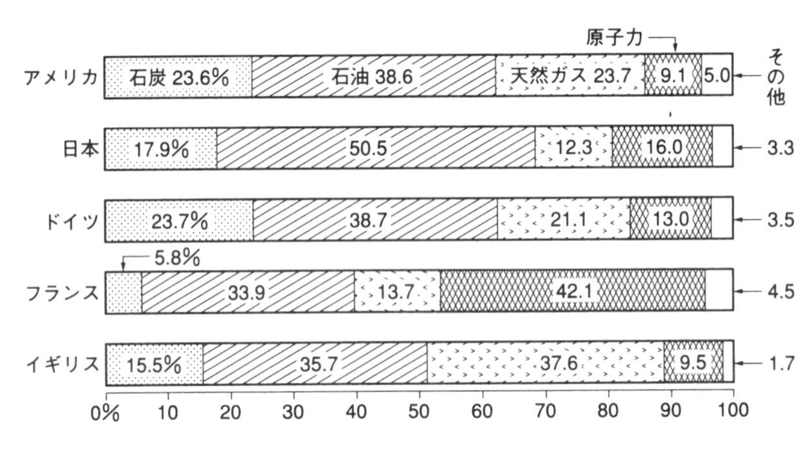

図 4-4-a　帯グラフの例（主要先進国の一次エネルギー供給構成）

（出典：上に同じ）

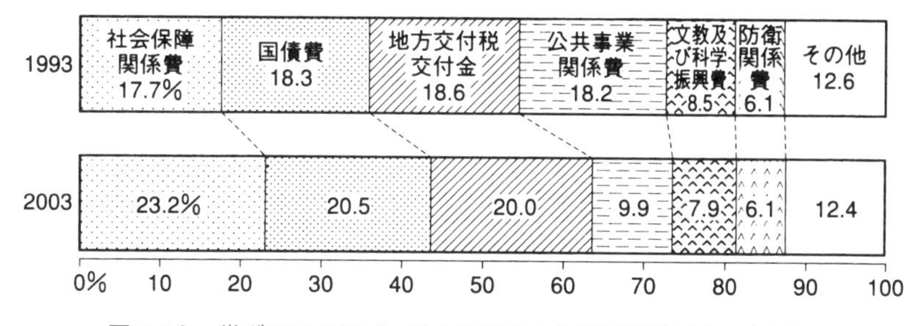

図 4-4-b　帯グラフの例（一般会計歳出の主要経費別割合の変化）
1993 年度は決算、2003 年度は政府案。
（財務省『財政統計』2002 年、及び同『2003 年度一般会計歳出概算』）

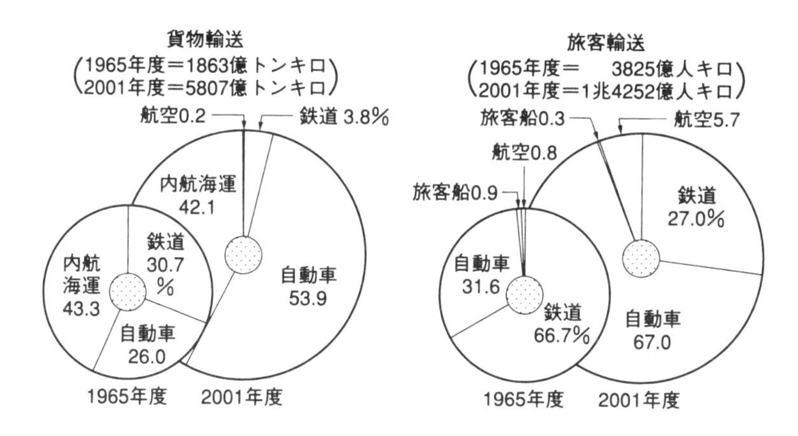

図 4-5　パイグラフの例（国内輸送の割合の変化）
（矢野恒太郎記念会『日本国勢図会 2003』）

◆ 2 重、3 重の構成を示す場合は（実数との組み合わせを含む）、正方形の縦と横をそれぞれ 100%にして、縦横の両方向から内訳構造を観察しようという 2 面的な働きを持ったグラフがよい。必ずしも正方形、立方体である必要はなく、適宜寸法をとってよいが、目盛の意味は明確にすべきである（図 4-6 参照）。

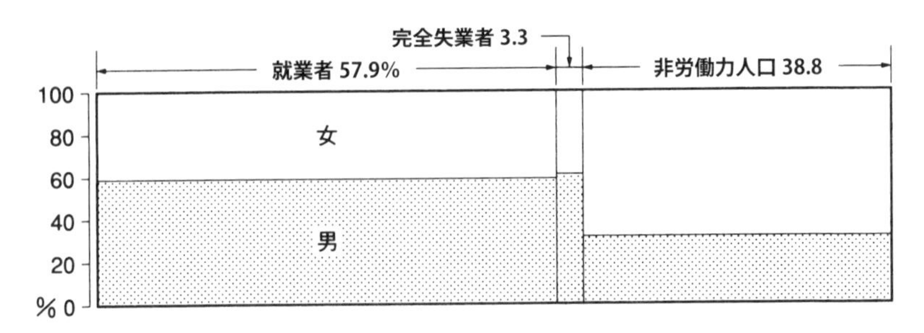

図 4-6　2 重、3 重の構成比の例（労働力と非労働力）

15 歳以上人口。非労働力人口には不詳を含む。
（総務省統計局『労働力調査』）

◆三角グラフ。図 4-7 は、就業者の産業別割合の構成を表したものである。これを見ると、点の位置から三角形の 3 辺までの距離で各国の就業人口の占める割合が異なることがよく分かる。

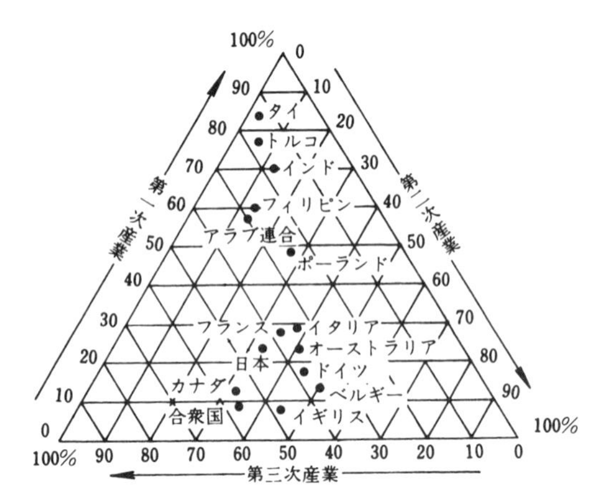

図 4-7　三角グラフの例（各国の就業者産業別割合）

（実務教育出版『数的推理 2001』）

2 量的系列を示す場合

量的構成を図表化する時には、変量が離散型であるのか連続量であるかによって対応が異なる。離散型である時には普通の棒グラフで事足りるが、連続量の場合にはヒストグラム（度数柱列図表）を用いるべきである。

◆ヒストグラム（histogram）は、一見棒グラフと区別し難いが本質的に異なるので要注意である。棒グラフでは値が棒の長さに一致するように描かれているが、ヒストグラムは柱列の面積が級度数に比例し、柱列の合計面積が総度数に一致するように描かれている。従って、ヒストグラムは外観は棒グラフの中間のようだが、本質的には面積グラフに属するということができる。ヒストグラムは、変量が増えるに伴って度数や相対度数がどのように変化したかを見る「度数分布の型」を捉える時に描かれる。従って、級間隔が等しい時には特に困難はないが、階級の間隔が不揃いな場合は柱列の面積を相対度数に合わせる修正が必要となる（図 4-8 参照）。

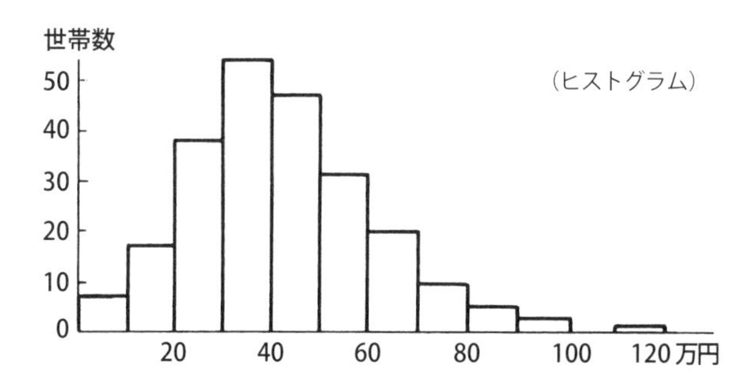

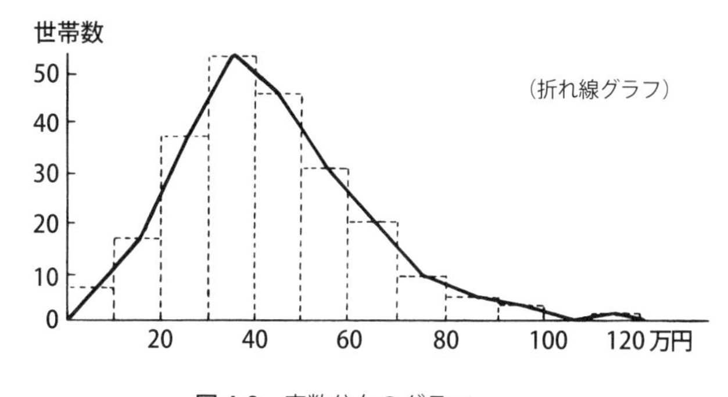

図 4-8　度数分布のグラフ

3 場所的系列を示す場合

場所的単位を同等に扱うことができるなら棒グラフで構わない。ただし、その棒の頭を繋げることはあまり意味がない。

直感的表現として統計地図が多く利用される。その1つにハッチングがある。地域別統計値の最大値と最小値をあらかじめ階級区分し、その階級をハッチング（色分け）で仕分ける方法がある。このグラフは全域を概観して地域的傾向を捉えやすく、さらに気象、産業などの地域傾向との関連性が容易に判断できる。しかし個々の地域の詳細な統計値の差は捉えにくい。そこで目的の地図の上に単純比較統計グラフの単位グラフを描いたものを利用することがある。その単位はどのようなものでも良いが、普通は黒マルなどのごく単純な形のものが多い。同一県でも人口は市街地に多く集中し、山間部では少ないのが現実である。ところが、この単位グラフだと地域の粗密までは分からない。そこで極端に小さい単位を作り、その点を地図の実際の位置に置いたものがドットマップである。この図は点の数を1つ1つ数え上げるのではなく、点の粗密で地域的分布を概観するのである。面積や体積を地図上に載せることがあるが、球や立方体は大小の比較が難しい面があり、その際には実数を添える必要がある（図 4-9 参照）。

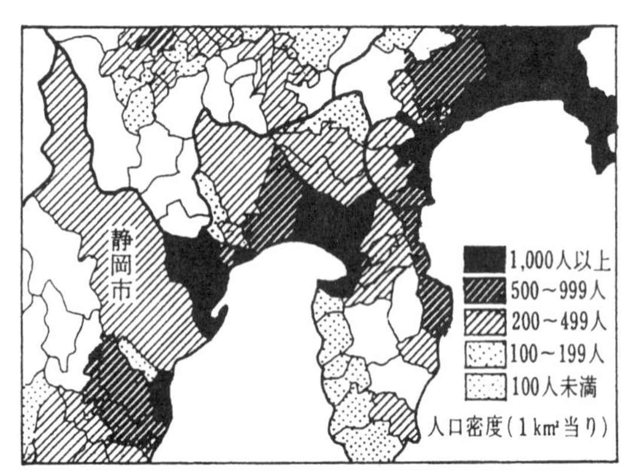

図 4-9　ハッチングの例（人口密度）

1980 年国勢調査
（上田尚一『統計グラフ』朝倉書店）

4 時間的系列を示す場合

◆時間は必ず水平軸に取り縦目盛と基線を明示する。目盛の一部や基線を省略する時には、その省略がよく分かるようにしなければならない（図 4-10 参照）。

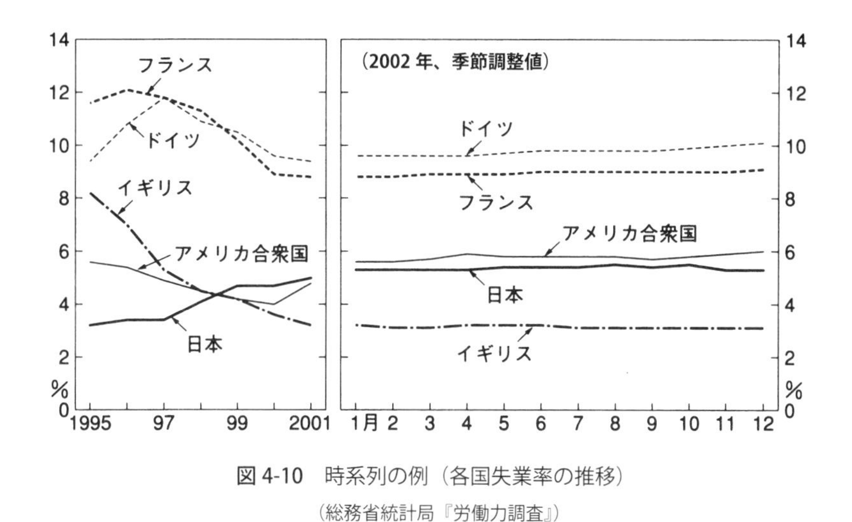

図 4-10　時系列の例（各国失業率の推移）
（総務省統計局『労働力調査』）

◆原系列が静態統計なのか動態統計なのかによって数値の場所が異なる。静態統計なら数値は目盛線の上に取るべきで、動態統計なら数値は時間の目盛の中央に取ることとなる。そうすると、目盛数字（時間）を入れる場所も当然変わってくる。例えば静態統計なら目盛線の真下に、動態統計なら目盛線の間に数字を示さなければならない。

◆時系列の表示には半対数目盛が便利なことがある（図 4-11 参照）。

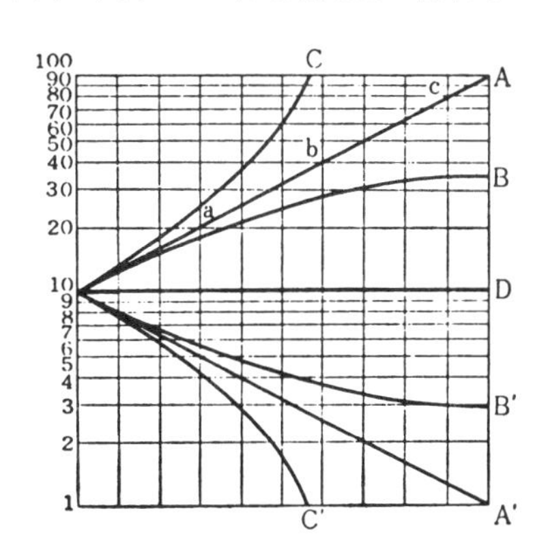

図 4-11　対数目盛の変化率

普通目盛が統計数字の増減の変化を観察するのに対して、この対数目盛は増減率の変化を観察する目盛である（対数目盛の作り方は省略。両対数目盛紙も片対数目盛紙も市販されている)。

◆統計数字が欠落しているような時には工夫が必要である。点線や細線などで欠落部分の印象を弱くするとよい。

◆単位の異なる複数の時系列を同一図表上に描く時には、よく分かるようにそれぞれの目盛を明示する必要がある。またこのような場合、指数化(ある時点を基準とした系列)すると比較し易い。

◆サーキュラーグラフは、数年に亘る月次系列などの趨勢と季節変動の両方を見ることができて便利であるが、毎年単調に増加したり減少したりするというわけでもないので、適用の範囲は限られてくる(**図 4-12** 参照)。

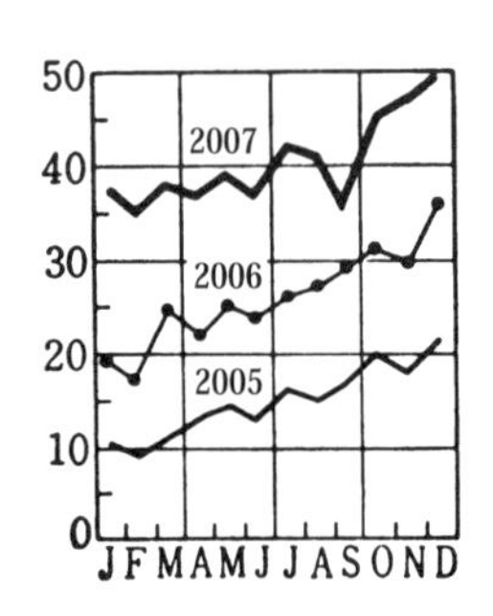

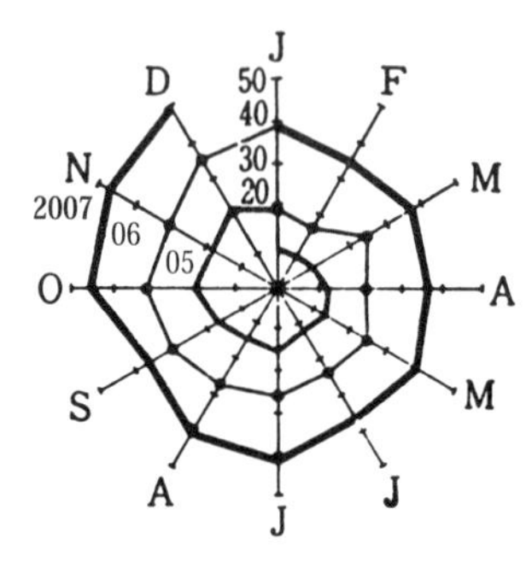

図 4-12　サーキュラーグラフの例

Chapter 4
練習問題

問 1.　チェルノフの顔型グラフのアイデアを使い、簡単な景気指標を作りなさい。

問 2.　図 4-7、三角グラフの中から、日本の就業構造（第 1 次産業、第 2 次産業、第 3 次産業、の構成比）の概数を読み取りなさい。

問 3.　片対数目盛で表現されると便利な経済指標を考えなさい。

Chapter 5
代表値（平均）を測定する

1 統計的代表値

1 度数分布の形状による分類

量的系列は度数系列とも呼ばれ、これから本書で解説する様々な統計処理手法の主な対象となるものである。度数分布表の作成に際しては、前章の度数系列やヒストグラムの項で述べたように、一様な対処法では上手くいかないことが多い。特に経済学の学習で多く現れる度数分布の形は実に多様である。同じ平均値の計算を施そうとも、対象になっている度数分布の形が異なっていれば、全く違った値が計算されることになる。対象としている度数分布がどのような形をしているかを、まずは確認しておくことがこれからの統計手法を学ぶ上で大変重要であろう。

度数分布の形は一般に次のようなタイプに分けられる。

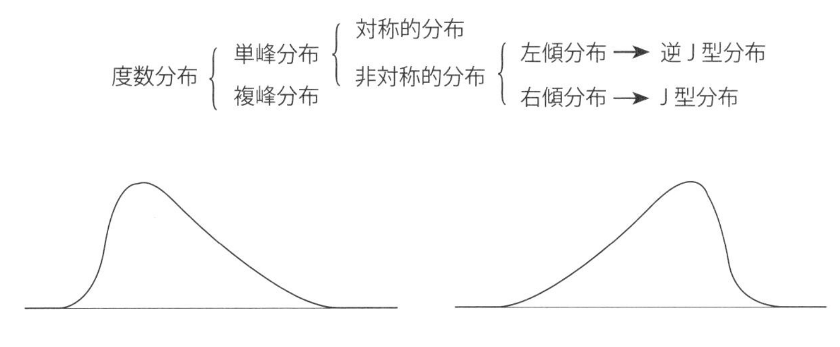

図 5-1　左傾分布（左図）と右傾分布（右図）

単峰分布か複峰分布かは峰、あるいは山がその分布に複数あるか、ただ1つかの違いである。普通、対象が等質である時には分布は単峰をとる。山が複数できている時には、もう一度原データを精査して、異質な集団が混じっていないかどうかを確かめる必要がある。単峰分布は概ね対称分布と非対称分布に分けられる。左右対称の分布は正規分布が代表例である。非対称分布は、長い裾が右にあるものを左傾分布と呼び、長い裾が左にあるものを右傾分布と呼ぶ。賃金分布など経済学で扱われる分布の多くは、左傾分布であるといってよいだろう。➞は、それぞれの分布を極端化したことを示している。

2 算術平均、相加平均（arithmetic mean）：$\bar{x}$

平均値は度数がどのような値を中心として分布しているかを示す値で、個々の統計単位の典型的な値であると言える。また、いちいち個々の値を調べる必要がないといった代替性を持っている、とも言える。最も一般的に使用されている平均値は算術平均で、普通、平均という時にはこの平均値を意味すると考えてよい。一般的定義は次のようである。

$$\bar{x} = \frac{\sum x_i}{n} \quad \cdots\cdots (5\text{-}1)$$

経済学が対象とする現象は普通何千何万という統計単位を扱うことになるので、上記の一般的定義式で片付くことは少ない。そこで、これら多数の統計単位は度数分布表にまとめられ、そこから平均が求められることになる。級の中央値をその級に属する変数の平均値と推定して全体の平均値を計算することになる。従って、平均値に限らず度数分布表から計算された値は、個々の統計単位全てを使って計算される値に比べて多少の偏りを持つものだ、ということを知っておく必要がある。度数分布表からの平均値は、次の式による。

$$\bar{x} = \frac{\sum f_k c_k}{n} \quad \cdots\cdots (5\text{-}2)$$

この場合 f_k は第 k 番目の階級の級数度を示す。また、c_k は第 k 番目の階級値、即ち度数分布表の級の中点を示す

表 5-1 は、厚生省『所得再分配調査結果』平成 5 年版の当初所得階級別一

表 5-1　当初所得階級別一世帯当たり平均金額

当初所得階級	(A) 世帯数	(B) 階級平均値 （万円）	(C) 階級中央値 （万円）	(A) × (B)	(A) × (C)
総　数	7,991				
50 万円未満	1,225	4.6	25	5,635.0	30,625
50 ～ 100	286	74.6	75	21,335.6	21,450
100 ～ 150	290	123.1	125	35,699.0	36,250
150 ～ 200	319	171.4	175	54,676.6	55,825
200 ～ 250	287	221.4	225	63,541.8	64,575
250 ～ 300	267	270.7	275	72,276.9	73,425
300 ～ 350	296	319.6	325	94,601.6	96,200
350 ～ 400	316	371.0	375	117,236.0	118,500
400 ～ 450	373	421.5	425	157,219.5	158,525
450 ～ 500	389	472.3	475	183,724.7	184,775
500 ～ 600	720	544.9	550	392,328.0	396,000
600 ～ 700	641	643.9	650	412,739.9	416,650
700 ～ 800	545	743.6	750	405,262.0	408,750
800 ～ 900	438	847.0	850	370,986.0	372,300
900 ～ 1,000	362	943.1	950	341,402.2	343,900
1,000 万円以上	1,237	1,560.7	1,500	1,930,585.9	1,855,500
				4,659,250.7	4,633,250
				583.1	580

世帯当たり平均金額から一部引用したものである。表頭の「階級平均値」(B) は各階級の平均値が原資料から計算されているが、通常はこのようなことはない。従って、各階級の代表値を何らかの方法で仮定しなければならい。普通は階級上限値と階級下限値（例えば 50 ～ 100 の階級ではそれぞれ 50 万と 100 万がこれに当たる）の算術平均が用いられる。**表 5-1** の第 3 列（C）の数字がこれに当たる。ただし、50 万以下と 1000 万以上の階級は上限下限が示されていない（オープンエンドの階級）ので、ここでも仮定が必要となる。この例

では、25 万円と 1,500 万円としたが、結果からすると正しい判断だったと言えるだろう。

算術平均値の数学的特徴として、2 つのことを指摘しておく。まず算術平均は統計単位の全部を一様に同じ大きさに均してみた時の値であって、算術平均に対する正の偏差の和は負の偏差の和に等しい。従って算術平均に対する変数の偏差の総和は常にゼロである。即ち、

$$\sum(x_i - \bar{x}) = 0$$

となる。

2 つ目は次のように書くことができる。

$$\sum(x_i - \bar{x})^2 < \sum(x_i - x_o)^2$$

ここで、x_o は $\bar{x}$ 以外の任意の値である。この式は、算術平均に対する変数の偏差の 2 乗和はほかのどのような値に対する変数の偏差の 2 乗和よりも常に小であることを意味している。

3 累積度数分布（cumulative distribution）

度数分布の端（開始階級からでも、最終階級からでもどちらからもあり）から始めて、次々に度数を累加していってこれに変量を対応させるものである。これは、度数分布の級度数を積み重ねることによって得られるが、その累積度数を百分比にして換算してグラフに書くと、変数のある値が分布の何パーセントの辺りにあるか、逆に分布の 2 分の 1、4 分の 1、10 分の 1 など任意の変数がどのくらいの大きさなのかをグラフ上から読み取れる。また、累積度数を応用した特殊グラフにローレンツ曲線がある。

4 加重平均値（weighted average）：*WA*

表 5-1 で度数分布表から算術平均を求めたが、その際われわれは、各階級の代表値を合計して階級数で割るといったような単純な方法は採らなかった。それぞれの階級の階級度数を代表値にかけて最後に総度数で割る、という作業を採った。このような方法は、加重平均と呼ばれる。

下の表は、ある野球選手の最近 5 年間の打数と打率である。今、この 5 年

間の平均打率を求めようとする時、どのような方法を採るだろうか。各年の打率を単に合計して5ヶ年で割るようなことはしないだろう。年によって打数が異なるので、結局この5年間で何本のヒットを打ったかを合計し、全打数で割ることが必要になるであろう。

表5-2　加重平均の考え方

	2000年	2001年	2002年	2003年	2004年
打数	390	470	350	210	180
打率	0.289	0.302	0.278	0.269	0.365

$$WA = \frac{0.289 \times 390 + 0.302 \times 470 + 0.278 \times 350 + 0.269 \times 210 + 0.365 \times 180}{390 + 470 + 350 + 210 + 180} = 0.296$$

分子の0.289 × 390 = 112.7は、この選手が2000年に打ったヒット数である。従ってこの5年間のヒット数474本を、分母の全打数1600で割ることによって、この5年間の通算打率を計算したことになる。

5 中位値、ミーディアン、二分位値（median）：*Me*

上述の算術平均が計算に基づく平均値であるのに対して、このミーディアンは原則としてその位置によって求められる。統計データが少数である時にはこれの計算はごく簡単である。労働者の賃金がそれぞれ、20万円、22万円、23万円、25万円、30万円 と与えられた時、中位値は5個の中央に位置する23万円ということになる。また20万円、22万円、23万円、25万円のように総数が偶数である場合、中位値は2番目と3番目を平均して22万5千円となる。

このように、中位値を求めるには個々のデータを大きさの順序に並べなければならない（大きさの順序に並べられたデータの中の1つ、例えば x_i を i 番目の順序統計量と呼ぶ)。しかし、中央から遠い部分はそれほど順番にこだわる必要はない。度数分布表から求める時には、次の式を使う。

$$Me = L + I \times \frac{\frac{n}{2} - F}{f} \quad \cdots\cdots (5\text{-}3)$$

ここで L は中位値の存在する階級の下限界値で、I は級間隔、f は中位値が存在する級の級度数、F は中位階級の下までの度数和で、n は総度数である。これを**表 5-1** に当てはめると、累積比より中位値が、450 万円～ 500 万円の階級に存在することがわかる。そこで、$L = 450$、$I = 50$、$f = 389$、$F = 3659$、$n = 7991$ を代入すると、$Me = 493.3$ 万円を得る。

中位値は、個々の値との差（偏差）の絶対値の和が最小になるものが適格であるという考え方から、中央から大きく離れている異常値のようなものから影響を受けず、各項が量的に測定不可能であっても計算が可能である、といった特徴を持っている。

6 最頻値、並数、モード（mode）：Mo

変数の内、最も多く観察される値で、度数分布表の最大度数に対応する値である。度数分布表からの計算は様々な方法があるが、度数差法が最もよく知られている。

$$Mo = L + I \times \frac{\Delta_1}{\Delta_1 + \Delta_2} \qquad \cdots\cdots (5\text{-}4)$$

ここで、L は Mo を含む階級の下限界値、Δ_1 は Mo の階級の度数とその前の度数との差（符号は無視）、Δ_2 は Mo の階級の度数とその後の度数との差（符号は無視）、$I = Mo$ を含む階級の間隔である。

通常、算術平均、中位値と最頻値の三者には、経験的に分布が軽度の歪みのある時に限って近似的に次のような関係があるとされている。

$$\bar{x} - Mo = 3(\bar{x} - Me)$$

従って、Mo は

$$Mo = 3Me - 2\bar{x} \qquad \cdots\cdots (5\text{-}5)$$

で求められる。われわれの例では、Mo=313.7 となり、あまり現実的な数字にはなっていないように思われる。

2 その他の平均値

経済学を学ぶためには前節で説明した平均値以外でも、局面によって使い分けなければならない大事な平均がある。

1 幾何平均、相乗平均（geometric mean）：G

比率の世界の平均は、幾何平均で求めなければならない。幾何平均は次のように定義される。

$$G = \sqrt[n]{\Pi x_i} = \sqrt[n]{x_1 \times x_2 \times \cdots \times x_n} \quad \cdots\cdots (5\text{-}6)$$

Π はパイの大文字で、Πx_i と書くとそれは x を x_1 から x_n まで掛け合わせることを意味している。$\sum$ が総和記号なのに対して Π は相乗記号を表す。

両辺の対数を取ると

$$\log G = \frac{1}{n}(\log x_1 + \log x_2 + \cdots + \log x_n) = \frac{1}{n}\sum \log x_i$$

となり、幾何平均が変数を対数化した時の算術平均の形をとっていることが分かる。どうして比率の平均を求める場合幾何平均を用いなければならないのか。次のような例で示そう。

時点	I	II	II	III
商品 A	1.00	4.00	1.00	0.25
商品 B	1.00	0.25	1.00	4.00
算術平均	1.00	2.125	1.00	2.125
幾何平均	1.00	1.00	1.00	1.00

I 時点からII時点にある商品Aは2倍に、もう1つの商品Bが2分の1になったとしよう。これは、変動は逆方向で同じ割合であるから、平均では変化があってはならない。算術平均では1.25であって、不適であることが分かるであろう。IIからIIIへの変化も同様、算術平均は不適当であることが分かる。

幾何平均が経済学で利用される場面には、下記の例題のような経済成長率の平均や平均人口増加率の計算などがある。比率、成長率、増加率など掛け算で表される場合は、幾何平均の出番である。

【幾何平均の例題 1】

今、基準時点で価格 100 円であった商品が、続く 4 年間で 110 円、140 円、170 円、200 円と元の価格の 2 倍に上昇したとしよう。この 4 年間の対前年価格比は

$$1.1=(110/100),\ 1.273 \doteqdot (140/110),\ 1.214 \doteqdot (170/140),\ 1.76 \doteqdot (200/170)$$

となり、幾何平均 G は

$$G=(1.100\times1.273\times1.214\times1.760)^{1/4} \fallingdotseq 1.315$$

になる。この幾何平均 $G = 1.315$ は、年平均 31.5％ずつ価格が上昇すれば、4 年後には元の価格のおよそ 2 倍になることを意味している。

【幾何平均の例題 2】

表 5-4 は、各国の過去 4 年間の実質経済成長率を比較したものである。過去 4 年間における成長率の平均成長率を計算してみよう。

表 5-4　実質 GDP 成長率（国際比較）　（%）

年次	日本	アメリカ	イギリス	イタリア	カナダ	韓国	ドイツ	フランス
2000	2.8	3.7	3.9	3.2	5.2	8.5	2.9	4.2
2001	0.4	0.8	2.3	1.7	1.8	3.8	0.8	2.1
2002	-0.3	1.9	1.8	0.4	3.4	7.0	0.2	1.1
2003	2.4	3.0	2.2	0.4	2.0	3.1	-0.1	0.5
	問 1	2.3	2.4	1.0	2.8	5.1	問 2	1.5

（内閣府「四半期別 GDP 速報」「海外経済データ」）

アメリカを例にとって計算すると次のようになる。

$$(1.037\times1.008\times1.019\times1.030)^{1/4}-1\fallingdotseq\sqrt[4]{1.0971}-1\fallingdotseq0.023$$

【幾何平均の例題 3】

幾何平均のもう 1 つの例を示そう。**表 5-5** は、わが国の国勢調査が始まってから 80 年間の人口の推移を示したものである。この間の平均増加率を求めてみよう。

表 5-5　わが国の国勢調査の推移

調査年	総人口（万人）
1920 年	5,596
1930 年	6,445
1940 年	a)7,193
1950 年	8,320
1960 年	9,342
1970 年	10,372
1980 年	11,706
1990 年	12,361
2000 年	12,693

幾何平均は個々の値が不明であっても最初と最後の値と項数が分かればその間の平均値が計算される。このことを応用してわが国の人口増加率を計算してみる。今、n 年間における人口増加率を R、年平均増加率を r とすれば

$$1+R=(1+r)^n$$

なので

$$r=\sqrt[n]{1+R}-1$$

で計算できる。

最初の人口を P_0, n 年後の人口を P_n とすると

$$1+R_n=\frac{P_n}{P_0}$$

である。1920 年と 2000 年のわが国の人口から、この間の年平均増加率 r は次のようになる。

1920年人口＝5,596万人　　2000年人口＝12,693万人

$$1+R_{80}=\frac{12{,}693}{5{,}596}=2.26823$$

$$r=\sqrt[80]{2.26823}-1=0.01029$$

従って、1920年から2000年までのわが国の人口は年平均1.029%ずつ増加したことになる。

2 調和平均（harmonic mean）：H

変数の逆数が意味を持つような時、調和平均が使われる。調和平均は次のように定義される。

$$H = \frac{n}{\sum \frac{1}{x_i}} \quad \cdots\cdots (5\text{-}7)$$

度数分布表から求める時には、次の式を使う。ここで w はウェイトである。

$$H_w = \frac{\sum w_i}{\sum \frac{w_i}{x_i}} \quad \cdots\cdots (5\text{-}8)$$

逆数が意味を持つというのはどのような場合であろうか。次のような例題で考えると理解し易いだろう。

【調和平均の例題1】

今、自転車で2kmの道のりを走行するとして、始めの1kmを時速10km/h、残りの1kmを時速15km/hで行ったとしよう。この時の平均速度はどのように求めたらよいか。

速度の定義に従って、走行した距離をかかった時間で割ればよいのである。時速10kmの時にかかった時間は、1/10時間（＝6分）。また、時速15kmの時にかかった時間は1/15時間（＝4分）である。従って時速は

$$\text{時速} = \frac{\text{総距離}}{\text{要した時間}} = \frac{2\text{km}}{\frac{1}{10}(\text{時間}) + \frac{1}{15}(\text{時間})} = \frac{2\text{km}}{6(\text{分}) + 4(\text{分})} = 12\text{km/h}$$

となる。10km/hと15km/hの算術平均12.5km/hとは異なる結果となる。このように逆数が意味を持つ場合の平均値に、単純算術平均を用いてはいけない

ことが理解できたであろう。

次に、度数分布から調和平均を求める方法を見てみよう。

【調和平均の例題 2】

電子部品を製造している工場の場合、ある程度の熟練が必要とされている。従って全ての従業員が同一のスピードで製品を作るとは限らない。下表はこの1ヶ月間で平均した各従業員の製品1個を製造するのに要する時間の分布である。この工場全従業員20人が、部品製造に要する平均1個当たりの平均時間を求めよ。

表 5-6　部品製造に要する時間

所要時間（分）	30	32	35	36	38	計
従業員	3	6	8	2	1	20 人

$$H_w = \frac{20}{3/30+6/32+8/35+2/36+1/38} = 33.44\text{分}$$

③ ベキ平均：M

計算的平均値は、ベキ平均という一般形式に当てはめることが出来るとされている。ベキ平均は次のように定義される。

$$M = \sqrt[k]{\frac{\sum x_i^k}{n}} \quad \cdots\cdots (5\text{-}9)$$

加重の場合は

$$M_w = \sqrt[k]{\frac{\sum w_i x_i^k}{\sum w_i}} \quad \cdots\cdots (5\text{-}10)$$

上式で、$k=1$　とした時、単純算術平均、

$k=2$　とした時、平方平均、

$k=-1$　とした時、調和平均、となるだろう。

平方平均は6章で学ぶ標準偏差などの算式の中に出てくる。

Chapter 5
練習問題

問 1. **表 5-5** のデータを用いて、1950 年から 1970 年までの年間増加率と、少子化が始まった 1980 年から 2000 年までの増加率を計算し、比較しなさい。

問 2. **表 5-4** で、日本とドイツは空欄にしてある。計算して記入しなさい。

問 3. GNP（国民総生産）を 10 年間で 2 倍にするためには、少なくとも年率何％の成長が必要になるだろうか。昭和 30 年代の「所得倍増計画」との関係で考えなさい。

問 4. 例題以外に社会科学の中で調和平均が応用されている例を探しなさい。

Chapter 6
バラツキを測定する

1 散布度（バラツキ）の必要性

5章で私たちは統計集団を代表させる指標として、様々な平均値があることを知った。それぞれの局面で適切な方法を選ぶ必要があることも学んだ。統計学の歴史に残るある研究者は「統計学は平均の科学である」といって、平均値の重要性を強調した。また、ある研究者は「統計学はバラツキの科学である」ともいっている。ここでは平均と同じように大切であるバラツキの尺度（散布度）について考えてみよう。

散布度がどのような尺度で何故必要なのかを知るために、次のようなA君、B君2人の受験生が過去7回の模擬試験で獲得した点数を見て考えよう。

	1回	2回	3回	4回	5回	6回	7回	
A君	95	60	80	50	90	90	60	算術平均＝75点
B君	75	80	70	75	70	80	75	算術平均＝75点

2人が狙う大学は、毎年平均70点が合否のボーダーラインと言われている。さて、過去のデータからA君とB君のどちらが有利であろうか。どちらも平均点が75点であるから、その事だけから判断するなら両君とも合格間違いないと言えそうだ。しかし、点数の1つ1つを見るなら、安定して70点以上を獲得しているB君の方が断然有利であり、A君はそのバラツキが大きい故に不利である、と判断される。

このように、バラツキの尺度は平均だけでは知り得ない情報を多く提供するものであり、平均と並ぶ重要な尺度なのである。以下、様々な散布度の尺度を学んでいこう。

2 絶対的散布度

観察値の単位がそのまま指標にも使われる尺度を、絶対的散布度と呼ぶ。分析が平均値との比較を含む場合、平均値の単位と共通であるので、普通そのような場合には絶対的散布度が選好される。

絶対的散布度には次のようなものが知られている。

1 レンジ、範囲（range）：*R*

観察値内での最大値と最小値の差で表す。

$$R = x_{\max.} - x_{\min.} \quad \cdots\cdots (6\text{-}1)$$

このように、範囲の計算は最大値と最小値というたった2個の値のみで決まるため、極端な値によって左右されるという欠点がある。また、分布の構造が全く反映されないという致命的欠点がある。従って、経済統計では用いられることはあまりないが、工業製品の品質管理で検査試料のバラツキを測定する方法として用いられる。

2 平均偏差（mean deviation）：*MD*

分布の散らばりの程度が小さいということは、各値が平均値に近いところに集まって分布しているということである、と理解できる。そこで、各値と平均値との距離＝差（このことを偏差：deviation と呼んでいる）に着目して分布の散らばりの程度を測定する尺度とする方法が幾つか考えられる。

平均偏差は、平均値と各値の差の絶対値を算術平均したものとして定義される。この場合、平均値に何を用いるべきかで2つの *MD* が考えられる。

$$MD = \frac{\sum |x_i - \bar{x}|}{n} \quad \text{あるいは} \quad MD^* = \frac{\sum |x - Me|}{n} \quad \cdots\cdots (6\text{-}2)$$

MD^*は中位値を基準とした偏差の絶対値の和が、他のいかなる値を基準値とした場合よりも小であるので好ましいとされる。しかし、実際には算術平均による平均偏差が使われることが多い。度数分布表からの計算方法は、算術平均に準ずる。平均偏差は範囲よりは優れているが、絶対値の数学的操作が不便であるなどの欠点がある。

③ 標準偏差（standard deviation）：σ

平均偏差で偏差に絶対値を使ったのは、算術平均の数学的性質として偏差の合計がゼロになるからであった。しかし、それでも偏差の絶対値をとったものが不便であるとすれば、もう 1 つの方法として偏差の 2 乗を平均すればよい、という考えがある。このようなアイデアから生まれたバラツキの尺度は、分散（variance：V）と呼ばれ次のように定義される。

$$V = \frac{\sum (x - \bar{x})^2}{n} \quad \cdots\cdots (6\text{-}3)$$

2 乗したものを、元の単位（次元）に戻すために平方根をとる。これを標準偏差（= σ）という。絶対的散布度としては最も広範囲に利用されている。

$$\sigma = \sqrt{\frac{\sum (x - \bar{x})^2}{n}} \quad \cdots\cdots (6\text{-}4)$$

【標準偏差の例題】

今、5 人からなる賃金のバラツキを考える。賃金がそれぞれ、19、25、29、32、35（万円）の時、分散と標準偏差を求めてみよう。

分散（V）

$$= \left\{(19-28)^2 + (25-28)^2 + (29-28)^2 + (32-28)^2 + (35-28)^2\right\} \div 5$$

$$= (81 + 9 + 1 + 16 + 49) \div 5 = 156/5 = 31.2$$

標準偏差（σ）$= \sqrt{31.2} \fallingdotseq 5.59$ 万円

◆偏差値：標準偏差を教育統計に応用した偏差値という概念がある。成績分布パターンというのは、問題の難易度その他によって常に変化するものである。

それを基準化して眺めることによって、各成績の真の位置付けができることになる。

$$A = 50 + \frac{x - \bar{x}}{\sigma} \times 10 \qquad \cdots\cdots (6\text{-}5)$$

この定義式のアイデアは、①平均点に、50 を対応させる。②平均から標準偏差の k 倍だけ良い（悪い）成績には、50 に k の 10 倍を加えた（引いた）数値を対応させる、ことで基準化できることである。従って、平均点を上回る（下回る）成績の偏差値は、必ず 50 以上（50 以下）になることが分かる。

4 四分位偏差（quartile deviation）：Q

位置による平均に相当する散布度で、全体を 4 等分した場合の最初の四分位値を Q_1、3 番目の四分位値を Q_3 とすると、Q は次のように定義される。

$$Q = (Q_3 - Q_1) \div 2 \qquad \cdots\cdots (6\text{-}6)$$

3 相対的散布度

これまでに述べてきた散布度は、集団内の散らばりの程度を示す尺度で、絶対的散布度と呼ばれる。異なった集団間の散布度を比較するためには、これら絶対的散布度を相対化する必要が出てくる。例えば、標準偏差を用いて日米の所得格差を比較しようとした時、貨幣単位が異なり単純な比較はできない。相対化には通常、算術平均で除す方法が採られる。

1 平均偏差係数（coefficient of mean deviation）

算術平均を用いた平均偏差 Me には算術平均で相対化する。また、中位値を用いた平均偏差は Me で除すことになる。

$$\frac{MD}{\bar{x}} \text{ または } \frac{MD^*}{Me} \qquad \cdots\cdots (6\text{-}7)$$

2 変動係数（coefficient of variation）CV

標準偏差は優れた尺度であるが、異なった集団同士の比較にはそのままでは使えない。これを相対化するために算術平均で割り変動係数 CV と呼んでいる。

$$CV = \frac{\sigma}{\bar{x}} \quad \cdots\cdots (6\text{-}8)$$

3 四分位偏差係数（coefficient of quartile deviation）

四分位偏差の Q_1 と Q_3 の間にある Q_2 は実は Me である。四分位偏差係数は Me を相対化に使う。

$$\frac{Q}{Me} \quad \cdots\cdots (6\text{-}9)$$

4 ジニ係数（coefficient of Gini）

相対的散布度として頻繁に使用される尺度にジニ係数がある。ジニ係数（G）は、次のように定義されている。

$$G = \frac{1}{2n^2\bar{x}}\sum_{j=1}^{n}\sum_{i=1}^{n}\left|x_j - x_i\right| \quad \cdots\cdots (6\text{-}10)$$

ジニ係数は5章で解説されたローレンツ曲線との関係で理解されることが多く、その故に多くの場面で利用されている、といえる。ローレンツ曲線と均等分布線とで囲まれる面積を λ とし、曲線が含まれるローレンツ曲線と均等分線の作る三角形を $\triangle OAB$ すると、次のようになる。

$$G = \frac{\lambda}{\triangle OAB} \quad \cdots\cdots (6\text{-}11)$$

ジニ係数は、所得分配や経済格差などの文脈で頻繁に利用されている。7章で、相対的散布度の経済格差尺度としての利用を説明する。

4 歪度、尖度と積率

分布はいつも左右対称とは限らない。左右どちらにどれほど歪んでいるかを示す指標として歪度と呼ばれる尺度がある。幾つかのアイデアがあるが、積率に基づいた指標が一般的である。

歪度（skewness）：Sk の定義は次の通りである。

$$Sk_1 = \frac{\sum f(x_i - \bar{x})^3}{\sum f} \qquad \cdots\cdots (6\text{-}12)$$

軽度の非対称の時は、算術平均、メーディアン、モード間の経験的位置関係を使った尺度で歪度を示すことが出来る。

$$Sk_2 = \bar{x} - M_0 = 3(\bar{x} - M_e) \qquad \cdots\cdots (6\text{-}13)$$

中位値系のものとしては

$$Sk_3 = Q_1 + Q_3 - 2M_e \qquad \cdots\cdots (6\text{-}14)$$

が、考えられる。歪度の相対化はそれぞれ、

$$C.Sk_1 = \frac{Sk_1}{\sigma^3}$$
$$C.Sk_2 = \frac{\bar{x} - M_0}{\sigma} \qquad \cdots\cdots (6\text{-}15)$$
$$C.Sk_3 = \frac{Q_1 + Q_3 - 2M_e}{Q_3 - Q_1}$$

となる。以上の歪度は全て左傾分布の時にプラス、右傾分布の時にマイナスの値をとる。

尖度（kurtosis）：K

$$K = \frac{\sum f(x_i - \bar{x})^4}{\sum f} \qquad \cdots\cdots (6\text{-}16)$$

相対化したものは、

$$C.K = \frac{K}{\sigma^4} \qquad \cdots\cdots (6\text{-}17)$$

と定義される。尖度係数を制度化の強さの指標として使おうという提案もあるが、実用化されていない。

上で紹介してきた尺度は積率（モーメント）という概念で説明できる。a 点を基準とした k 次積率 M_k は

$$M_k = \frac{\sum f(x-a)^k}{\sum f} \qquad \cdots\cdots (6\text{-}18)$$

と定義される。

$K=1,\ a=0$　の時、算術平均
$K=2,\ a=\overline{x}$　の時、分散
$K=3,\ a=\overline{x}$　の時、歪度
$K=4,\ a=\overline{x}$　の時、尖度　　　となる。

Chapter 6
練習問題

問 1. 以下の数列を使って、$\bar{x}$、Me、R、MD、V、σ、CV の各値を求めなさい。

①8、11、15、19、27　②26、29、34、49、63、88、96

③3、7、9、 11、19　④12、16、17、20、21、30、32

問 2. 下の表は、A 君の前期試験と後期試験の結果である。それぞれの偏差値を計算しなさい。また、その結果から何がいえるかを考察しなさい。

	A 君の点数	クラスの平均点	クラスの標準偏差
前期試験	70	60	10
後期試験	63	55	4

問 3. 散布度を経済格差の指標として使う時に注意すべきことを検討しなさい。

問 4. 表から各年齢の変動係数 CV を求めなさい。それらを比較して何がいえるか考察しなさい。

年齢別体重の平均値と標準偏差（男子）

年齢	6	7	8	9	10	11	12	13	14	15	16	17
平均（kg）	20.8	23.2	26.0	28.9	32.4	36.2	41.1	46.7	52.4	56.9	59.2	60.6
標準偏差（kg）	3.22	3.69	4.45	5.16	6.57	7.39	8.37	9.06	8.76	8.94	8.55	8.55

（学校保険統計調査）

問 5. 業種間で異なる平均月収のデータに変動係数を当てはめ、業種間格差の指標にしたい。単純に結果を信用して良いだろうか。いけないならその根拠を示しなさい。

Chapter 7
散布度を経済格差指標として使う

6章1～3で、バラツキを測るために様々な散布度が提案されていることや、それら尺度が様々な長所や短所を持っていることを学んだ。この章では、これら入門的散布度の知識が、実際にどのような方法で応用されているかを、経済格差の分析例を学ぶことで理解しよう。以下3つの応用例を説明することにする。

1 ローレンツ曲線とジニ係数

6-3で、ジニ係数とローレンツ曲線を学んだ。また、この2つの尺度が実は同一であることも学んだ。ジニ係数は、ローレンツ曲線が視覚的・直感的に理解が容易であるという理由から、今日、経済格差の問題を解決する統計的手法として最も一般的に利用されている。以下では、所得再分配の効果を測定する過程を、厚生省『所得再分配調査結果平成11年版』の実例を見ながら、考えていくことにしよう。

1 所得階級別世帯数の変化

まず、資料の説明をする。**表7-1-a**は、当初所得別に階級分けされた所得分布である。また、**表7-1-b**は、再分配所得別に階級分けされた所得分布である。構成比は、各階級に属する世帯数の全体への比率であり、累積比はそれを累積（累加：逐次足し算をしていく）したものである。

ここで言う当初所得とは、雇用者所得、事業所得、農耕所得、畜産所得、財産所得、家内労働所得及び雑収入並びに私的給付（仕送り、企業年金、退職金、生命保険金等の合計額）の合計額を言う。また、再分配所得は、当初所得から

表 7-1-a　再分配による所得階級別分布（当初所得）

当初所得階級	世帯数	世帯構成（%）	
		構成比	累積比
総　数	7,991	100.0	
50 万円未満	1,225	15.3	15.3
50 ～ 100	286	3.6	18.9
100 ～ 150	290	3.6	22.5
150 ～ 200	319	4.0	26.5
200 ～ 250	287	3.6	30.1
250 ～ 300	267	3.3	33.5
300 ～ 350	296	3.7	37.2
350 ～ 400	316	4.0	41.1
400 ～ 450	373	4.7	45.8
450 ～ 500	389	4.9	50.7
500 ～ 600	720	9.0	59.7
600 ～ 700	641	8.0	67.7
700 ～ 800	545	6.8	74.5
800 ～ 900	438	5.5	80.0
900 ～ 1,000	362	4.5	84.5
1,000 万円以上	1,237	15.5	100.0
平均当初所得	583.1 万円（年額）		

（厚生労働省「平成 11 年所得再分配調査結果」）

税、社会保険料を控除し、社会補償給付（年金、医療、その他）を加えたものである。従って、当初所得には年金給付額は含まれていない。この点は他の所得分布統計と大きく異なる点なので注意が必要である。特に諸外国との比較では、所得の概念がどのように定義されているかを充分に検討しないと、誤った結論を導いてしまうことがある。

次に、ローレンツ曲線を描いてみよう（ジニ係数を計算する）。**表 7-1-a** や**表 7-1-b** のような所得階級別分布表でも構わないが、より容易に理解するためには、分布表を十分位階級にするとよい。**表 7-2-a** と、**表 7-2-b** は、さらに平成 8 年と平成 11 年の比較を行っている。十分位階級にすることにより、所得の単位が消えるので、国際比較や時系列の長期比較が出来るようになる。

2 十分位階級別所得構成比の作り方

所得の十分位階級とは、世帯を所得の低い方から高い方に並べてそれぞれの世帯数が等しくなるように十等分したもので、低い方のグループから第 1・十分位、第2・十分位……第10・十分位という。

所得の構成比は所得総額に対する各階級の所得額の割合、累積構成比はそれを第1・十分位から順次累積したものである。

表7-1-b　再分配による所得階級別分布（再配分所得）

再分配所得階級	世帯数	世帯構成（%）	
		構成比	累積比
総　数	7,991	100.0	
50万円未満	145	1.8	1.8
50～100	227	2.8	4.7
100～150	364	4.6	9.2
150～200	393	4.9	14.1
200～250	409	5.1	19.2
250～300	433	5.4	24.7
300～350	462	5.8	30.4
350～400	519	6.5	36.9
400～450	517	6.5	43.4
450～500	452	5.7	49.1
500～600	865	10.8	59.9
600～700	737	9.2	69.1
700～800	609	7.6	76.7
800～900	448	5.6	82.3
900～1,000	321	4.0	86.4
1,000万円以上	1,090	13.6	100.0
平均再分配所得	612.9万円（年額）		

（厚生労働省「平成11年所得再分配調査結果」）

表7-2-a　十分位階級別所得構成比（当初所得）

当初所得十分位階級	構成比（%）		累積構成比（%）	
	平成11年	平成8年	平成11年	平成8年
第1・十分位	0.0	0.0	0.0	0.0
2　〃	0.8	1.4	0.8	1.4
3　〃	3.1	3.9	3.8	5.3
4　〃	5.4	5.9	9.2	11.2
5　〃	7.5	7.7	16.7	18.9
6　〃	9.3	9.5	26.1	28.4
7　〃	11.3	11.4	37.4	39.8
8　〃	13.9	13.7	51.3	53.5
9　〃	17.5	17.2	68.7	70.7
10　〃	31.3	29.3	100.0	100.0

（出所：上に同じ）

第1及び第2・十分位の当初所得の累積構成比は0.8%であるが、再分配所得の累積構成比は4.8%と4ポイント上昇している。第6～10・十分位では再分配所得の構成比が当初所得の構成比を下回っており、特に第10・十分位の構成比は、当初所得の31.3%から再分配所得では28.2%に3.0ポイント低下している。

表 7-2-b　十分位階級別所得構成比（再分配所得）

再分配所得 十分位階級	構成比（%）		累積構成比（%）	
	平成11年	平成8年	平成11年	平成8年
第1・十分位	1.4	1.8	1.4	1.8
2　〃	3.4	3.7	4.8	5.5
3　〃	4.9	5.1	9.8	10.6
4　〃	6.3	6.4	16.0	17.1
5　〃	7.6	7.8	23.6	24.8
6　〃	9.0	9.2	32.6	34.0
7　〃	10.7	10.8	43.3	44.8
8　〃	12.7	12.8	56.0	57.6
9　〃	15.8	15.8	71.8	73.5
10　〃	28.2	26.5	100.0	100.0

（厚生労働省「平成11年所得再分配調査結果」）

3 ローレンツ曲線の描き方

十分位階級別分布表を用いると、以下のように容易にローレンツ曲線が描ける。

所得分配・所得再分配の状況は、世帯を所得の低い順に並べ、世帯数の累積比率を横軸に、所得額の累積比率を縦軸に取って描いたローレンツ曲線によっても観察できる。所得が完全に均等に分配されていれば、ローレンツ曲線は、原点を通る傾斜45度の直線（完全均等線）に一致し、不均等であればあるほどその直線から遠ざかる。一世帯が所得を独占し、他の世帯の所得がゼロである時、曲線は三角形ABCに一致する。ジニ係数は、ローレンツ曲線と完全均等線とで囲まれた面積の、三角形ABCの面積に対する比率によって、分配の均等度を表わしたものである。従って、ジニ係数は0から1までの値をとり、0に近いほど分布が均等、1に近いほど不均等ということになる（**図7-1**）。

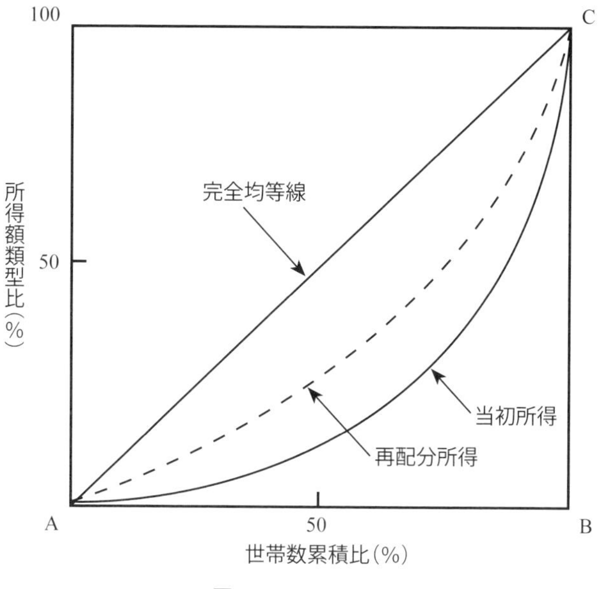

図 7-1　ローレンツ曲線

$$\text{ジニ係数の改善度(\%)} = \frac{\text{当初所得のジニ係数} - \text{再分配所得のジニ係数}}{\text{当初所得のジニ係数}} \times 100$$

表 7-3　ジニ係数による所得再分配による格差是正効果

調査年	ジニ係数				ジニ係数の改善度		
	等価当初所得	[①＋社会保障給付金－社会保険料]	等価可処分所得(②－税金)	等価再分配所得(③＋現物給付)	再分配による改善度	社会保険による改善度	税による改善度
	①	②	③	④	※ 1	※ 2	※ 3
					%	%	%
平成 5 年	0.3703	0.3313	0.3097	0.3074	17.0%	11.2%	6.5%
平成 8 年	0.3764	0.3273	0.3119	0.3096	17.7%	13.7%	4.7%
平成 11 年	0.4075	0.3501	0.3372	0.3326	18.4%	15.3%	3.7%
平成 14 年	0.4194	0.3371	0.3227	0.3217	23.3%	19.9%	4.3%
平成 17 年	0.4354	0.3355	0.3218	0.3225	25.9%	22.8%	4.1%

※ 1　再分配による改善度＝ 1 －④／①
※ 2　社会保障による改善度＝ 1 －②／①×④／③
※ 3　税による改善度＝ 1 －③／②
注：平成 11 年以前の現物給付は医療のみであり、平成 14 年以降については医療、介護、保育である。

(厚生労働省「平成 11 年所得再分配調査結果」)

4 再分配係数

政府による所得平準（平等）化政策が、どの程度功を奏しているかを判断する指標は、前述のジニ係数による改善度が一般的である。しかしこのようなジニ係数を用いることなく、単に所得階級ごとの当初所得額と再分配後の所得額の差を平準化の指標とすることがある。再分配係数と呼ばれるものだが、以下参考に、この指標を掲げておく。

当初所得を T、再分配所得を S とすると、再分配係数（%）：H は次のように定義される。

$$H = \frac{S - T}{T}$$

2 アトキンソン尺度

今まで述べてきた不平等尺度は、経済的格差の程度を手際よく記述するという意味において優れている。これから紹介するアトキンソン尺度は、経済学理論から導出されたものである。

ジニ係数で格差を測定する時、数字はどの程度であれば社会は許容できるのであろうか。この問題に答えるためには、社会に属する人々が経済格差に対してどの程度厳格であるかといった、いわば「価値判断」がその尺度に明示されなければならない。このような社会的価値判断を、経済学では「社会的厚生関数」と呼んでいる。社会的厚生関数に基づく不平等尺度には、タイル尺度、ドールトンの尺度、コルムの尺度などが知られているが、現在最も一般的に紹介されているのは、

A. B. Atkinson, “On the measurement of Inequality”, *Journal of Economic Theory*, 2（3）, 1970

によって提案されたアトキンソン尺度であろう。アトキンソン尺度は、加法分離対称型（上述の社会的厚生が、足し算で表現できる）を前提として、次のように構成される。

今、現実の所得分配　$Y=(x_1, x_2 \ldots x_n)$　のもとでの社会的厚生水準（満足度）を W とする。もし、所得が完全に平等に分配されていれば、より少ない所得

でこれと同等な厚生水準を達成することが出来るはずである。この仮想的所得水準をアトキンソンは「平等分配等価所得（the equally distributed equivalent income)」と呼んでいる。ここでは x_e と表記しよう。もし所得が完全に平等に分配されていれば、より少ない所得でこれと同等な厚生水準を達成することが出来るはずである。従って、実際の平均所得 μ と平等分配等価所得 x_e との差は、所得が不平等に分配されているために、社会が支払わねばならぬ一種のコストと考えられる。この差を実際の平均所得で除して正規化することにより、アトキンソン尺度 $A(x)$ は、

$$A(x)=\frac{\mu-x_e}{\mu}$$

と定義される。もし、所得が平等に分配されていれば、 $x_e=\mu$ であり、アトキンソンの尺度は 0 となる。アトキンソンのこの尺度は 0 と 1 の間を動くことになる。

$$A=1-\left[\sum_{i=1}^{n}\left(\frac{x_i}{\mu}\right)^{1-\varepsilon}f_i\right]^{1/(1-\varepsilon)}\qquad \varepsilon\neq 1$$

$$A=1-\frac{M}{\mu},\ \log M=\sum_{i=1}^{n}\log x_i f_i\qquad \varepsilon=1$$

ここで、　x_i：第 i 階級の平均所得

$P_i=f_i$：第 i 階級の世帯数の密度関数

従って　$\sum_{i=1}^{n}f_i=1$

μ：全世帯の平均所得

ε：正の定数

もし、アトキンソンの測度が 0.3 であれば、それはもし所得が平等に分配されれば、現行所得の 70％で、現行の社会的厚生水準（満足度）が達成されう

ることを示す。あるいは、ある所得再分配計画によって不平等度が 0.01 下落することが出来たならば、その再分配計画は所得水準を 1% 上昇させるのと同様の効果を社会的厚生に対して持つことを意味する。次に、この尺度をより深く理解するために、相対的不平等回避度（平均独立ともいう）の原理を知る必要がある。パラメータ ε は相対的不平等回避度を表している。ε が大きくなればなるほど、低所得層の再分配が社会的厚生評価により大きな影響を与える。逆にパラメータ ε が小さくなればなるほど、高所得層の再分配が、社会的厚生評価に大きな影響を与えることになる。極端なケースを考えてみると、ε が 0 の時は、社会的厚生水準はその社会の総所得の額だけで決まり、分配がどのようになろうと影響は受けない。逆に ε が ∞ の時には、最低所得層のみが社会的厚生水準に影響を与えることになる。このように、最低所得層のみを社会的厚生水準の評価対象とする考え方を、ロールズのマックス・ミン原理という。

アトキンソン尺度は、このように社会全体の満足度をパラメータとして明示していて、計算された数字が経済学的な意味を持つユニークな尺度である。しかし残念なことに実際にデータを当てはめた例は極めて乏しい。幸い経済企画庁『経済白書―平成元年版』に、総金融資産分布データを当てはめた事例が紹介されている。以下にその結果を引用する。当時（1980 年代）の金融資産分布が、ε が 0.5 から 2.0 になるにつれて（不平等の評価対象を低資産階層に近づければ近づけるほど）不平等になっていたことが読み取れるであろう。

表 7-4　アトキンソン尺度による総金融資産分布の不平等

年（昭和）	$\varepsilon = 0.5$	$\varepsilon = 0.9$	$\varepsilon = 2.0$
55	0.2244	0.3817	0.7017
60	0.2202	0.3861	0.7454
62	0.2340	0.4092	0.7797
63	0.2288	0.4020	0.7722

（経済企画庁編著『経済白書平成元年版』）

55 年の例で見てみよう。総金融資産自体の格差を表すアトキンソン尺度は、$\varepsilon = 0.5$ の時 0.2244 と計算されている。この数字の意味するところは、仮に金融資産が各世帯に完全に平等に分配されるならば、社会全体の総資産額が実際の 78%（1 − 0.22）に減っても、現在と同じだけの社会的厚生水準（社会全体の満足の度合）が得られるであろうことを示している。言い換えれば、金融資産を完全に平等化した時には、国民の満足度は現在より22%増加するだろう、と言える。次に、より低資産保有世帯に評価の対象を移動させた $\varepsilon = 2.0$ という数字ではどうだろうか。同じように、0.70であるから、もし完全平等が実現されるなら、社会全体の構成水準が現在の30%に減っても現在と等価値の社会的厚生水準が得られる。また、完全平等政策がなされたとするならば、現在より70%、国民の満足度は増加するだろう、と言える。

アトキンソン尺度には記述尺度としての利点もある。ローレンツ曲線は、それが互いに交差した場合には、一義的判断が下せない。しかし、アトキンソンでは、ε を恣意的に変化させることにより社会的厚生関数を明示し、且つその社会的厚生関数のもとでの分布に対し、一義的判断を下すことが出来る。しかし、ε にいかほどの値を与えるべきかは正に国民の選択なのである。

3　アマルティア・センの貧困尺度

前記の2つの例は、経済格差を測定する目的で提案された尺度であった。これから紹介する尺度は、ジニ係数の応用例の1つとして、ノーベル経済学賞（1998）受賞者のアマルティア・セン（Amartya Sen、1933～）によって提案された、貧困を測定するための尺度である。一定の貧困線以下の貧困層を特定化する従来の尺度とは異なるという意味で、これらの尺度は「相対的貧困尺度」と呼ばれている。

1　相対的貧困尺度の3要素

かつての貧困研究の主な関心は、貧困層をどのように規定するか、最低生活費をどのように算出するのかの研究であったと言ってよい。換言すれば、それは貧困線（poverty line）の設定方法についての研究であった。これから説明するセンやカカーニ等によって提案されてきた相対的貧困尺度の理解には通常3つのの柱があると言われるが、この貧困線を巡る話題もその内の1つに数えられる。しかし、これだけで客観的貧困度測定が可能であろうか。これからしばらく相対的貧困尺度の3つの要素を考えていこう。

1つ目の要素は、貧困比率（head count ratio：H）である。これは貧困線が一度与えられた後の貧困線以下の人々が全人口に占める割合である。次に、その社会にどれだけの所得があれば、貧困者全員が貧困層を抜け出すことが出来るかを示す指標が必要である。この比率を貧困ギャップ比率（poverty gap ratio: I）と呼ぶ。最後に貧困層内部の所得のバラツキを示す尺度として、ジニ係数（coefficient of Gini: G_w）を用いる。一般にジニ係数は次のように定義される。

$$G = \frac{1}{2n^2 \bar{x}} \sum_{j=1}^{n} \sum_{i=1}^{n} \left| x_j - x_i \right|$$

ここで、n は総数で $\bar{x}$ は算術平均である。この式の定義には、他にローレンツ曲線による方法もあるということは 6-3 で述べた。

ところでジニ係数の定義式を改めて見てみよう。標準偏差など普通のバラツキ尺度の基本的な考え方は、平均値などの特定の値からの距離に着目している。これに対してジニ係数は「全ての値に対する全ての値」に基づく距離を指標にしている。貧困度測定にどうしてこのような不平等尺度が必要とされるのであろうか。次のような例で考えてみよう。

今、A と B という 2 つの社会を比較することとする。この中で A と B は上述の 3 要素のうち、H と I が同一で G_w だけが異なっている。このような条件の中で A の G_w が B の G_w より大である時、われわれは A と B のどちらの社会がより貧困であると判断するだろうか。A が B より貧困な社会である判断するのが常識的ではないだろうか。これから述べる相対的貧困尺度は、このような価値観に立った尺度であることを先ず理解しておこう。

さて、センの貧困尺度は次のように定義される。

$$p_s = H\left[I - (1 - I)G_w\right]$$

ここで、G_w は貧困層内部のジニ係数である。

センの尺度は実際にデータを当てはめた例が殆どないが、同省『所得再分配調査結果（各年版）』を使って、筆者自身が計算したものがあるので、以下に掲載しておく。添え字 B、A はそれぞれ当初所得と再分配所得を示す。

表 7-5　セン指標によるわが国の相対的貧困

年	z（年額・万円）	H^B（%）	H^A（%）	I^B（%）	I^A（%）	G_w^B	G_w^A	P_s^B	P_s^A	貧困指数の改善度（%）	当初所得のジニ係数	再分配所得のジニ係数	ジニ係数の改善度
1951	0.86	9.8	11.5	33.8	34.2	0.18	0.22	0.048	0.056	-24.4			
61	15	12.9	12.2	57.8	56.4	0.38	0.25	0.096	0.080	16.7	0.390	0.344	11.8
66	28	13.1	11.2	41.7	33.9	.0.31	0.20	0.078	0.053	32.1	0.375	0.328	12.6
71	53	12.7	11.8	39.7	32.2	0.29	0.19	0.073	0.053	27.4	0.354	0.314	11.4
74	90	17.9	17.5	43.5	38.0	0.37	0.24	0.115	0.093	19.1	0.375	0.346	7.8
77	127	15.0	13.0	41.3	34.5	0.27	0.21	0.086	0.063	26.7	0.365	0.338	7.4
80	162	16.1	15.0	48.6	32.0	0.34	0.19	0.106	0.067	36.8	0.349	0.314	10.0
83	184	21.8	17.8	52.6	34.5	0.38	0.24	0.154	0.089	42.2	0.398	0.343	13.8
86	155	18.0	9.6	59.5	33.7	0.43	0.21	0.138	0.046	66.7	0.405	0.338	16.5
89	164	20.0	12.1	63.8	41.1	0.42	0.19	0.158	0.063	60.1	0.433	0.364	15.9
92	180	20.3	11.6	64.2	37.9	0.48	0.23	0.165	0.061	63.0	0.439	0.365	17.0
95	189	21.3	11.0	66.5	37.1	0.45	0.24	0.174	0.057	67.2	0.441	0.361	18.3
98	197	26.3	14.1	66.2	39.6	0.56	0.32	0.224	0.083	62.9	0.472	0.381	19.2
01	197	31.6	15.5	67.1	35.9	0.48	0.22	0.264	0.078	70.5	0.498	0.381	23.5

（『所得再分配調査結果』をもとに著者が計算）

Chapter 7
練習問題

問 1．表 7-3 を見ると近年、税によるジニ係数の改善度が低下し、社会保障による改善度が大きくなっている。この背景にある経済的事情を考えなさい。

問 2．表 7-5 でのセン指標の動向を見て、最近の貧困度の推移とその原因を考察しなさい。

問 3．社会的厚生関数に基づく不平等尺度は、アトキンソン尺度のほかにタイル尺度、ドールトンの尺度、コルムの尺度などが知られている。それぞれどのような尺度かを調べなさい。

問 4．下の表はA社とB社の賃金分布（仮説例）である。これを使って両社賃金分布のローレンツ曲線を描き、どちらが不均等であるかを判断しなさい。

ローレンツ曲線計算過程表

A 社				B 社			
従業員数	賃金（万円）	累積値	累積構成比（1）	従業員数	賃金（万円）	累積値	累積構成比（2）
1	15			1	18		
2	18			2	21		
3	21			3	24		
4	24			4	27		
5	27			5	30		
6	30			6	33		
7	33			7	36		
8	36			8	39		
9	39			9	42		
社長	57			社長	90		
合計	300			合計	360		

ローレンツ曲線作成欄

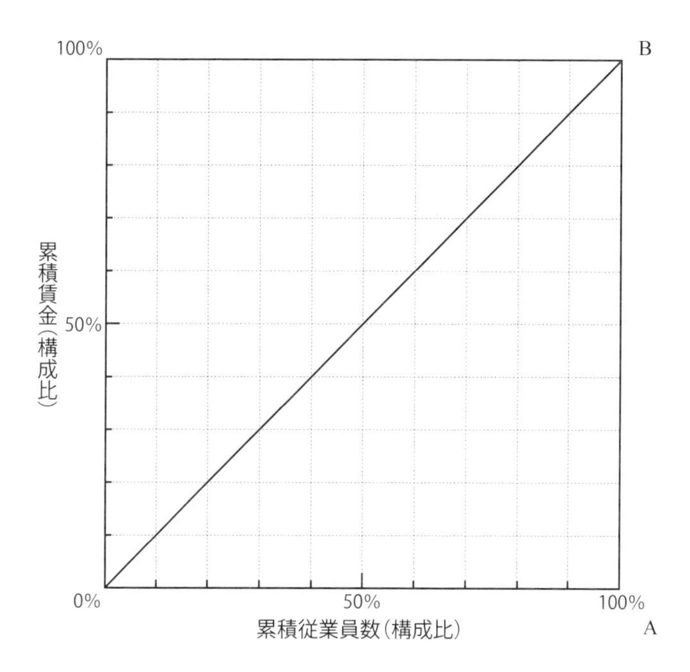

Chapter 8
物価指数の理論と実際

1 統計学と統計比率

比率は2つ以上の集団相互の比較手段で、数学的には分数の形をとり単純な話であると言えるかもしれない。しかし、分母・分子にそれぞれどのような統計集団が対応するかによって様々な比率が成り立つ。

- 統計比率の体系
  - 構成比率
  - 非構成比率
    - 対級比率
    - 関係比率
      - 発生的比率
      - 対応的比率

これらを逐次記号を用いて説明する。使用される記号は以下である。

今、$A = a_1 + a_2 + \cdots + a_n$ のように、全体集団（$= A$）が部分集団（$= a_1 + a_2 + \cdots + a_n$）から成るとすると、構成比は

$$\frac{a_1}{A}, \frac{a_2}{A}, \ldots, \frac{a_n}{A}$$

と表される。構成比率は、つまり全体に占める部分の総称であるから、平均値を一種の全体量を示す値だと考えると、対移動平均比率や対趨勢値比率、変動係数や平均偏差係数などもこの仲間に入れることができる。

構成比を計算する際に、時折「丸め誤差」と呼ばれる誤差が生じる。各部分の四捨五入によって、構成比の合計がちょうど100.0％にならないことが起きるからである。誤差が僅少であるなら、便宜的に構成比が最も大きな部分で調整することが現実的であろう。

次に、対級比率は、部分集団同士を対立させた比率であるので、様々なバリ

エーションをとり得る。例えば、一つの部分集団をベースとしてそれを固定させると、次のような系列を持つことになる。

a_1 をベースとすると

$$\frac{a_1}{a_1},\frac{a_2}{a_1},\frac{a_3}{a_1},\cdots,\frac{a_n}{a_1}$$

となり、普通われわれが単純に指数（index numbers）といっているものになる。また、ベースを順次移動することによって、

$$\frac{a_2}{a_1},\frac{a_3}{a_2},\cdots,\frac{a_n}{a_{n-1}}$$

のような系列になる。「対前年比」などの系列がこれに相当する。

関係比率は、A と B という、異なる集団同士の対比であるが、A と B の間にどのような関係があるかによって異なった性質を持つ比率が生まれる。「発生的比率」と呼ばれるものは、B が A から発生した関係にあるものをいう。例えば年間死亡率の推定には、分母に年央人口（1 年間の丁度真中の時期、6 月 30 日か 7 月 1 日）を使い、分子には年間死亡件数を使う。年央人口は「静態統計」で、年間死亡件数は「動態統計」であるから、全く異なった統計集団であるにもかかわらず、死亡という現象は分母の人口から「発生する」という意味で、発生的比率と呼ばれる。

A と B に何ら関係のない対比の場合、それは対応的比率と呼ばれる。府県別人口密度は、分母に各府県別面積を、分子に各府県別人口を対応させることによって求められる。人口密度という概念に忠実であると、分母には単なる府県別面積ではなく、可住面積（総面積から森林・原野・湖沼など本来人が住めない面積を差し引いたもの）を採るべきである。このように、対応的比率を考える時には、本来求めるべき概念に近づけるように、分母・分子から不必要な部分を取り除く作業が必要になる。このような過程を、比率の「精製化」という。精製を施した比率を精製比率といい、そのようなことを行わない比率を粗製比率ともいう。

2 標準化の必要性

死亡率の計算で、もう一つ注意しておかなければならないのは、「比率の標準化」と呼ばれる方法である。われわれはかつて、加重平均の項で重み付きの平均の仕方を学んだ。

表 8-1　標準化法の例

	A 社		B 社	
	人員	日給（円）	人員	日給（円）
正規社員	30	15,000	70	13,000
非正規社員	170	8,000	130	7,500
平均賃金	9,050（円）< 9,425（円）			

上の例で、加重平均を比較すると正規社員、非正規社員いずれも A 社の日給が高いにもかかわらず、それぞれ 9,050 円、9,425 円となり、全体としての平均賃金では B 社が高くなってしまう。このことは、集団の質的構成が異なるとき、単純な総平均の比較をしては判断を誤る危険性があることを示している。

このような危険を避けるために「標準化法」が導入される。標準化法の基本的考え方は、比較する集団の構成比を何らかの形で統一することである。

上の例では、3 つの方法が考えられる。まず、A 社のウェイトに統一する方法である。A 社にウェイトを統一した場合の B 社の平均賃金は、

(13,000 × 30 ＋ 7,500 × 170) ÷ 200 ＝ 8,325 円　となり、A 社の平均賃金が高くなる。逆に B 社にウェイトを統一した場合や A 社と B 社の人員を合計したものをウェイトとする方法によっても同じような結果になる。

上のような標準化法を死亡率に適用したものが、実際厚生労働省から「訂正死亡率」あるいは、「年齢調整死亡率」として発表されている。

死亡率は年齢によって大きく異なる。一般に年齢が高くなると死亡性向も高くなる。従って国際比較や年次推移の比較には、人口の年齢構成の影響を取り除いたものを使わざるを得ない。A 社 B 社の日給の例では、社員の数を両者で統一する必要（標準化の必要）がある。厚生省が発表していた年齢調整死亡率の基準人口については、平成元年までは昭和 10 年の性別人口を使用してき

たが、現実の人口構成からかけ離れてきたため、平成 2 年からは昭和 60 年モデル人口（昭和 60 年国勢調査日本人口を元に、ベビーブーム等の極端な部分を補正し 1000 人単位で作成したもの）を使用している。

3 物価指数の導出

指数（index numbers）は「指標となる数字」といったくらいの意味である。数学の指数関数とは全く異なるので注意が必要である。単一指標としての指数は、前章で学んだ統計比率の「対級比率」である。対級比率は集団内の各部分を対比したものであるから、一項を固定したものや逐次代えたものなど様々である。

この章で学ぶ物価指数は、一商品の価格の変動を指数化するものではなく、物価という総合的な概念を示すための指標である。総合指数算出には 3 つの基本的な事項がある。①基準、②ウェイト、③算式である。

基準をどこに求めるかは比率の分母を選択する問題である。もし対象が経済時系列であるとすると、基準はできるだけ経済活動が安定している時期を選ぶべきであろう。どうしても安定している時期が見出せない時には、一定の時期の平均値で代用することも考えられる。例えば年次系列では、景気循環が一順した時期を平均したものを使う。月次系列であるなら年平均をそれに当てることができる。時系列の場合、比較時点は基準時点から大きく離れてはいけない。基準時のウェイトが古くなる問題（パーシェ・チェックの必要性）が生じるからである。基準は移動しても構わない。移動基準は普通対前年比、対前月比、或いは対前年同月比といった形で求められ、連関比率、或いは連関指数といわれる。連鎖化する操作は面倒であるが、物価指数作成の際、途中で品目の削除や追加、加重の変更などが無理なくなされるという利点がある。

ウェイトと算式の話の前に記号の約束をしておこう。p は個々の商品の価格を示し、q は個々の商品の数量を示す。また添字として、o は基準時点を、また t は比較時点を示す。従って、$\sum p_o$ と書かれた時にはそれは、基準時点における個々の商品の単位当たり価格を合計したもの、即ち、 $P_o^{(1)}+P_o^{(2)}+P_o^{(3)}\cdots\cdots P_o^{(n)}$ を意味している。（　）内の数は個々の商品（例えば、(1) は米を表し、(2) は味噌を表す）を示していることになる。

総合指数には大きく2つの方法がある。平均を先に求め、その後比率の計算を行う方法と、個々の商品に関して比率の計算を先に求め、その後平均を行う方法である。前者を総和法、後者と相対法（または、比率平均法）といっている。即ち、

$$\text{総和法：}\frac{\sum p_t}{\sum p_o}(\times 100) \qquad \cdots\cdots (8\text{-}1)$$

$$\text{相対法：}\frac{1}{\mathrm{N}}\sum\frac{p_t}{p_o}(\times 100) \qquad \cdots\cdots (8\text{-}2)$$

上の2式は個々の商品に対して等しいウェイトを付している。しかし現実には商品の重要度はそれぞれ異なるので、それを考慮すると一般に物価指数として相応しいのは次のようになるだろう。今、wを個々の商品の重要度（ウェイト）とすると、総和指数と相対指数はそれぞれ次のようになる。

$$\text{加重総和指数：}\frac{\sum wp_t}{\sum wp_o}(\times 100) \qquad \cdots\cdots (8\text{-}3)$$

$$\text{加重相対指数：}\frac{\sum\left(w\frac{p_t}{p_o}\right)}{\sum w}(\times 100) \qquad \cdots\cdots (8\text{-}4)$$

今、上のウェイトとして基準時点の消費数量（q_o）を用いるとすると、加重総和指数は次のようになる。

$$P_L=\frac{\sum p_t q_o}{\sum p_o q_o}(\times 100) \qquad \cdots\cdots (8\text{-}5)$$

(8-5) を発案者の名を冠してラスパイレス (Laspeyres) 式という。またウェイトとして比較時の消費数量（q_t）を用いたものを、やはり発案者の名を用いてパーシェ（Paasche）式という。

$$P_p = \frac{\sum p_t q_t}{\sum p_o q_t} \ (\times 100) \qquad \cdots\cdots \ (8\text{-}6)$$

4 指数作成の実際

ところで前出の加重相対指数のウェイトとして、基準時消費金額（$p_o q_o$）を代入すると次式が導出される。

$$\frac{\sum p_o q_o \frac{p_t}{p_o}}{\sum p_o q_o} \ (\times 100) = \frac{\sum p_t q_o}{\sum p_o q_o} \ (\times 100) \qquad \cdots\cdots \ (8\text{-}7)$$

結局これはラスパイレス式に帰結するのだが、左辺は実際統計処理を行う際に大変便利である。何故ならラスパイレス式にせよパーシェ式にせよ、ウェイトを用いることになれば個々の商品の単位を考慮しなければならないからである。しかし物価は様々な単位を持つ商品郡から成り立っているので、それを統一することは不可能である。商品やサービスの消費量には共通の基準が無いのである。しかし左辺のように変形すると、個々の商品の価格比（$\frac{p_t}{p_o}$）と消費金額＝ウェイト（$p_o q_o$）はいずれも統一されているので、上のような心配はいらない。さらに都合のいいことに、この式では一度基準時点の消費金額が計算されると、その後は比較時の価格だけを調べればよい事となる。

ウェイトは基準時点での「家計調査」によって、消費支出に占める各品目の消費支出額合計中、1 万分の 1 以上のウェイトを持つ品目の割合を算出する。個々の商品の価格変化は、1 万分の 1 以上のウェイトを持つ品目について具体的に銘柄を決め、「小売物価統計調査」によって価格変化を店頭で調査する。

物価指数といえば前記ラスパイレス指数とパーシェ指数が代表であるが、これらの変形式が幾つか提案されている。両式の幾何平均はアーヴィング・フィッシャー（I. Fisher, 1867-1947）によって、フィッシャーの理想的算式として示されている。

$$P_F = \sqrt{\frac{\sum p_t q_o}{\sum p_o q_o} \times \frac{\sum p_t q_t}{\sum p_o q_t}} = \sqrt{P_L \times P_P} \quad \cdots\cdots \text{(8-8)}$$

エッジワース（Edgeworth）とボウレイ（Bowley）の式は同じである。即ち、

$$P_E = P_B = \frac{\sum p_t (q_o + q_t)}{\sum p_o (q_o + q_t)} \quad \cdots\cdots \text{(8-9)}$$

5 物価指数論

多数の算式の中でどの式が理論的に最も優れているかを考える時、大きく2つの考え方がある。1つは形式的に矛盾のない算式がよいとするものである。もう1つは、物価指数がそもそも何を測定するものであるかを経済理論的に定義し、検討するものである。前者を形式的（原子論的）指数論といい、後者を経済理論的（関数論的）指数論という。

1 形式的指数論

I･フィッシャーは、種々のテストを通じて数多くの算式選別を行おうとした。選別に用いられたテストは合計5つあったが、ここではそのうち2つを挙げておく。

ｉ）時点転逆テスト：時間の比較の方向を逆にしても矛盾が生じないとするもので次のように書くことが出来る。　$P_{01} \times P_{10} = 1$　個別価格指数ではこのことは自明であるが、総合指数であるラスパイレス式やパーシェ式では成り立たない。

ii）要素転逆テスト：物価指数の p と q を入れ替えた数量指数（Q）と物価指数との積が2時点の金額の比（V）に等しい。即ち、 $P_{01} \times Q_{01} = V_{01}$　が成立しなければならない。ここでも個別価格指数ではこのことは自明であるが、総合指数のラスパイレス式やパーシェ式では矛盾する。

2 経済理論的指数論

物価指数を消費生活における貨幣の購買力の変動を測定するものと規定するなら、消費者物価指数は消費者が一定の消費生活上の満足（utility）を入手するために支払わねばならない、貨幣支出額上の変化を示すものとして定義される。今、消費者がある大きさの満足（U）を得るために必要な貨幣支出額を基準時において $E_o(U)$、比較時において $E_t(U)$ とすると物価指数は、

$$P_{ot}(u)=\frac{E_t(u)}{E_o(u)} \qquad \cdots\cdots (8\text{-}10)$$

で測定される。時点 0 でのある大きさの満足 U_o に対する消費者の支出額を、

$$E_o(u_o)=\sum p_o q_o \qquad \cdots\cdots (8\text{-}11)$$

とする。消費者の消費習慣に大きな変化が無ければ q_o は比較時においても基準時と同じ満足を与える。しかし実際にはこの間に様々な商品の交替や価格の相対的変化等が起こっているであろうから、恐らくもっと少ない金額で同じ大きさの満足を得る方法が見出せるはずである。従って、

$$E_t(u_o)\le\sum p_t q_o \qquad \cdots\cdots (8\text{-}12)$$

という関係が成り立つ筈である。

このことは、ラスパイレス式がパーシェ式よりも大きな値を示す理論的根拠となっている。また、この差が消費パターンの古さに比例することから基準時点の消費パターンが、ある一定の大きさになったらラスパイレス指数のウェイトを変更するという方法がとられることがある。

6 数量指数

前節までで、数量変動の影響を除去して、価格の変動のみを示す物価指数を学んできた。ここでは逆に、価格変動の影響を除去して数量変動のみを抽出す

る方法を学ぶ。これは数量指数という名で呼ばれるものだが、景気判断の指標として利用されるなど様々な利用形態がある。

導出は物価指数と同様で、2つの方法が考えられる。即ち、価格を基準時に固定したラスパイレス数量指数：Q_L

$$Q_L = \frac{\sum p_o q_t}{\sum p_o q_o} \quad \cdots\cdots \text{(8-13)}$$

比較時に固定したパーシェ数量指数：Q_p

$$Q_P = \frac{\sum p_t q_t}{\sum p_t q_o} \quad \cdots\cdots \text{(8-14)}$$

である。物価指数同様に加重平均の形に書き換えると、実際の計算が楽になる。

$$Q_L = \frac{\sum w_o \left(\frac{q_t}{q_o} \right)}{\sum w_o} \quad \cdots\cdots \text{(8-15)}$$

このように個々の品目購入量の個別指数 q_t / q_o を、各品目の支出額をウェイトとして加重平均すれば、ラスパイレス数量指数が導出される。

7 パーシェチェック（ボルトキヴィッチの関係式）

ラスパイレス指数とパーシェ指数の値は一般には一致しない。この不一致は採用するウェイトが、基準時の支出金額の w_o か比較時の支出金額 w_t かの差に起因している。経済理論的指数論のところでも述べたように、時間が経過する間に実際に商品の交替や価格の相対的変化等が起こっているであろう。市場価値が消滅してしまった商品や、新たに市場に参入した新商品が現れる。例えばビデオレコーダーが市場から消え、新たにDVDが現れる、といったことは今日、日常的にわれわれの身のまわりで生じている。

このような両者の不一致は一般に次の式で表現することができ、ボルトキヴィッチの関係式と呼ばれている。

$$\frac{P_P - P_L}{P_L} = r_{pq} \cdot \frac{s_p}{P_L} \cdot \frac{s_q}{Q_L} \quad \cdots\cdots (8\text{-}16)$$

ここで、s_p と s_q は、それぞれ商品別価格指数及び数量指数の加重標準偏差であって、r_{pq} は両者の加重相関係数である。

この関係式で　$P_L > P_p$　あるいは　$P_L < P_p$　がどのような場合に起こるかを考えてみよう。

一般に、消費者が合理的な行動をする限り、価格の上昇した品目の購入量は減少する傾向がある。即ち、相関係数 r_{pq} はマイナスになる傾向があり、その結果、ラスパイレス指数がパーシェ指数より大きくなる。

表 8-2　パーシェ・チェック（全国・総合指数）

年次	P_L	P_p	$\frac{P_P - P_L}{P_L}$
1970 年 /1965 年	130.4	126.0	− 3.4（%）
1975 年 /1970 年	172.4	171.0	− 0.8（%）
1980 年 /1975 年	137.2	134.6	− 1.9（%）
1985 年 /1980 年	114.4	113.3	− 1.0（%）
1990 年 /1985 年	106.2	105.5	− 0.7（%）
1995 年 /1990 年	106.4	106.2	− 0.2（%）
2000 年 /1995 年	101.0	99.9	− 1.1（%）
2005 年 /2000 年	97.3	94.9	− 2.5（%）

従ってパーシェチェックはラスパイレス指数のウェイトが古くなった場合、1 つの指標として活用することが期待されるが、わが国の場合実際には 5 年毎の改訂になっている。2000 年基準改定の際に品目入れ替えの対象になった品目としては、発泡酒、牛丼、温水洗浄便座等 71 品目が追加され、夏みかん、扇風機、魔法瓶、鉛筆削り機、カセットテープなど 55 品目が廃止されている。

連鎖指数：固定基準の場合は、計算は比較的容易であるけれども、時間の経過とともに偏りを生じてくる。各時点の直前を基準として次々指数計算を行う連鎖指数であるならば、すぐ前の時点対比であるから消費構造変化にも直ちに対応できる。しかし対前時点比較は別として、任意の2時点間の比較はその意味がはっきりしないので、この方式の弱点といえる。t 時点の指数はこれらを掛け合わせることによって次のように求められる。

$$P_{ot} = P_{01} \times P_{12} \times \cdots \times P_{(t-1)t}$$

Chapter 8
練習問題

問 1.「2. 標準化の必要性」で示した例題以外に、標準化法が必要とされる例を探しなさい。

問 2. 人々の福祉に関して重要と思われる幾つかの全く異なる個別比率を集めて、加重平均化したものを総合福祉指標とか総合社会指標という。この場合は、明らかに1つの集団の部分集団同士の比率ではない。各個別比率の分母は様々な項目からなっている。従って、これらを合計する際に必要とされるウェイトには、決まった方法がない。どのような合理定・客観的方法が採られているか、調べなさい。

問 3. 人口統計では、人口を年齢別に3区分する方法が採られている。総人口に対する15歳未満人口を年少人口、15歳以上65歳未満人口を生産年齢人口、65歳以上人口を老年人口とするものである。

この年齢3区分を用いて、次の4つの指数（年齢構造指数）を求めない。

①　従属人口指数　　②　年少人口指数　　③老年人口指数

④　老年化指数

問 4. 2つの比率を対応させたものに、特化係数、寄与率、弾力性などがある。それぞれの定義と応用例を示しなさい。

問 5. 物価指数にラスパイレス式を使う時、これと組み合わせて要素転逆テストに合格するような数量指数の算式を示しなさい。

問 6.

仙台市における一世帯当たり年間魚類別消費量

	平成 10 年		平成 16 年	
	価格（100g 当たり）	数量（100g）	価格（100g 当たり）	数量（100g）
鮪	279	39	248	33
鯵	121	11	118	7
鰯	82	13	107	5
鰹	177	37	178	28
鰈	148	41	134	28

（家計調査年報平成 10 年版及び平成 16 年版）

上のデータから平成 10 年基準の平成 16 年指数を単純総和法、単純比率平均法、ラスパイレス式、パーシェ式、フィッシャー式で計算して比較しなさい。尚、下の計算過程表を用いると便利である。

計算過程表

	平成 10 年		平成 16 年						
	p_o 円	q_o 100g	p_t 円	q_t 100g	$\frac{p_t}{p_0}\times 100$	$p_o q_o$	$p_o q_t$	$p_t q_o$	$p_t q_t$
鮪	279	39	248	33					
鯵	121	11	118	7					
鰯	82	13	107	5					
鰹	177	37	178	28					
鰈	148	41	134	28					
計	$\sum p_o$	$\sum q_o$	$\sum p_t$	$\sum q_t$	$\sum \frac{p_t}{p_0} =$	$\sum p_o q_o =$	$\sum p_o q_t =$	$\sum p_t q_o =$	$\sum p_t q_t =$

記入欄
$P_L =$
$P_P =$
$P_F =$
$P_E = P_B =$

問 7. 前のデータからラスパイレス式、パーシェ式、フィッシャー式の数量指数を計算し、各式に関して要素転逆テストを試し、フィッシャー式だけがこれをクリアーすることを確かめなさい。

Chapter 9
推測統計への接近

1 標本と母集団

1 統計的推計とは（サンプリングの必要性）

今までの各章の説明は、1つの集団を構成する統計単位の情報をできるだけ「簡潔に要約」する問題だった、といえる。例えば個々の数値を提示するのではなく、1個で全体を要約し代表させる平均値や、その平均値がどれだけ全体を代表する資格があるのかを示す散布度の説明を行ってきた。このような統計的検討を、記述統計学（descriptive statistics）という。

本章で取り扱おうとする問題は、1つの集団の性質からその集団を含む、より大きな集団（これを母集団：population という）の性質を推測しようとすることである。このような方法を統計的推測（statistical inference）あるいは推測統計学という。統計的推測の手法は、われわれの身近な生活の中に幾つもの例を見出すことができる。例えば政党支持率や内閣支持率などは、もちろん全有権者を対象にした数字ではない。標本理論に基づいた必要数のサンプリングに拠るのである。またテレビの視聴率は、たった600前後のモニターから得られた情報を基にしている。

官庁統計では、国勢調査のように全ての統計単位を対象とする全数調査（全部調査、悉皆（しっかい）調査）が行われるが、これには莫大な費用、労力、時間等を要するので、若干の特別の場合に行われるにすぎないのが実情である。そこで、全体の一部をもって全体集団を代表させようとする方法が以前からなされてきた。これら全数調査ではない調査を括って、一部調査という事にすれば、その中で最も素朴な形態は、不完全一部調査と呼ばれるものであろう。これは、たまたま手元にある（集まってきた）資料をそのまま全体集団を代表するとみなす方法である。しかし、この方法は全体を満遍なく代表させたかどうかについての確証がないことから、むしろ事例研究の分野に属するであろう。この不完全一部調査とは異なる一部調査の方法として、類型法、有意選択法や典型調査と呼ばれるものがある。これは、戦前の家計調査（内閣統計局）が、種々の観点から制限条件を設け、それに合致した少数の世帯に対して家計簿の調査票に記入を求めたものである。明らかにこの制限条件の基準が、調査者の独断によることになり、客観的妥当性があるかどうかは、集団全体の調査をして初めて判明することなのである。従って、現在ではしっかりとした無作為標本理論による調査が中心となっている。無作為標本調査、確率標本調査やサンプリング調査などと表現されるが、これらは皆同じ事を指している。

2 母集団と標本

標本理論の問題は、一口でいえば、標本の観察を通じて母集団に関する情報を求めることである、といってよい。われわれが前章までで学んできた統計手法が対象としてきた集団は、標本理論によればこの集団の背後にこの集団を含む母集団（population）と呼ばれる集団があり、この母集団の性質が未知である時、それを推定する合理的な方法は、標本（sample）から集められる情報を利用することである（**図 9-1**「サンプリングの概念図」参照）。標本理論では母集団を構成する単位は、自然科学の実験室で用いられる対象だけではなく、当然ながら社会的存在としての事物もこれに含まれる。

ここでは、推測統計の主な 2 つの問題について説明しよう。まず、母集団との関連において標本の性質を調べ、標本から得られた情報によって母集団の特性（母集団の要素が持つ何かしらのまとまった情報。例えば平均、比率や総和などをいい、これらを一般に母数：parameter と呼んでいる）を推定する方法である。これは「推定の理論」と呼ばれる。もう 1 つは、母集団に関して立てた仮説の意義を標本から得られた情報によって判断する方法である。このような考え方は「検定の理論」と呼ばれる。

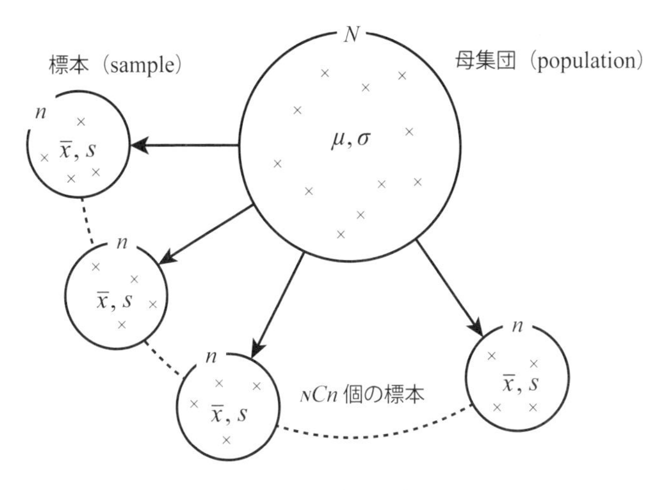

図 9-1　サンプリングの概念図

3 標本誤差と非標本誤差

標本調査は母集団の一部についての調査であるから、そのことによる誤差は避けることができない。これを「標本誤差」と呼ぶが、統計調査には標本誤差のほかに、個々の調査単位の観察が正確に行われないために生ずる誤りもあり、これらは「非標本誤差」あるいは「実査誤差」と呼ばれている。非標本誤差は全数調査においても存在する誤差である。例えば所得に関する調査では、所得が高くなるにつれて回答拒否の割合が大きくなることや、年齢に関する調査では高齢になると 5 歳刻みで回答者が多くなるなど、調査結果が歪んでしまう例が知られている。

誤差がどの程度のものかは、全数調査をして母集団についての充分な情報がない限り、正確には言えないはずである。しかし、標本誤差に関しては、標本が無作為に抽出されていれば、どの程度の標本誤差がどの程度の確率で生じるかを知ることができる。以下この標本誤差について説明することにしよう。

4 正規分布表の見方

以前、度数分布の形状による分類を行った時、左右対称の例として私たちは正規分布（normal distribution）を学んだ。正規分布は数学的に導き出される釣鐘型をした左右対称の分布である。もちろん平均値は分布のピークの値である。自然界で生じる現象の幾つかはこの分布で近似されることがあるが、身近な例では工場などで大量生産される特定製品の測定値（重量・長さなど）の誤差がこれで近似される。製品は若干、遊び（誤差）を持って生産されるが、その遊び（誤差）は様々な要因（例えば工場内の温度や湿度など）によって発生する。このように多くの偶然の要因によって発生する誤差の分布は、正規分布で近似されると言われている。このほかにも、一定の年齢・性別の身長の分布もまた正規分布をすると言われている。しかし正規分布が統計学上最も重要な分布だと言われる所以は、後述の中心極限定理との関係にあるだろう。

まず正規分布の重要な特徴を述べておこう。それは平均値を中心として、その前後に、

標準偏差の 2 倍（$\mu \pm \sigma$）の範囲をとると、分布全面積（確率）の 68.27%
標準偏差の 4 倍（$\mu \pm 2\sigma$）の範囲をとると、分布全面積（確率）の 95.45%
標準偏差の 6 倍（$\mu \pm 3\sigma$）の範囲をとると、分布全面積（確率）の 99.78%

を占めるという事実である。

通常われわれは、平均が 0 で分散が 1 の標準正規分布を用いる（**図 9-2-a**）。

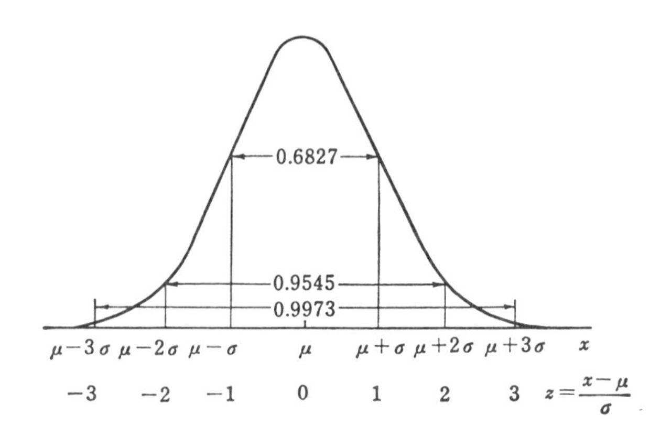

図 9-2-a　標準正規分布

様々な正規分布（**図 9-2-b**）の標準正規分布への変換は次式を使うことによって容易に行われる。　$\left(z=\dfrac{x-\mu}{\sigma}\right)$　一度標準正規分布に変換されると、確率の計算は極めて簡単に行うことが出来る。

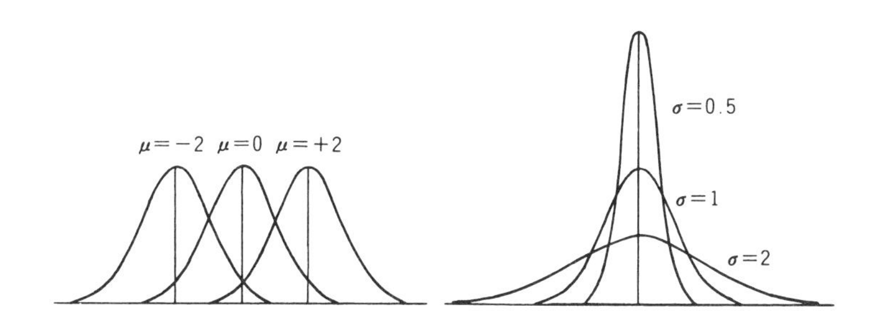

図 9-2-b　様々な正規分布

【例題】

確率変数 x の分布が $\mu = 10$、$\sigma^2 = 4$ の正規分布に従う時、この変数が 7 と 11 の間に含まれる確率は正規分布の数値表から計算すると、次のようになる。

標準化変数は

$$z=\frac{x-\mu}{\sigma}=\frac{x-10}{2}$$

である。 $x = 7$ の時、

$$z=\frac{x-10}{2}=\frac{7-10}{2}=-1.5$$

となり、同様に $x = 11$ の時、$z = 0.5$ となる。従って、

$$P(7 \leq x \leq 11)=P(-1.5 \leq z \leq 0.5)=P(-1.5 \leq z \leq 0) \\ +P(0 \leq z \leq 0.5)=A(1.5)+A(0.5) \fallingdotseq 0.43319+0.19146 \fallingdotseq 0.625$$

（**図 9-2-c** 参照）

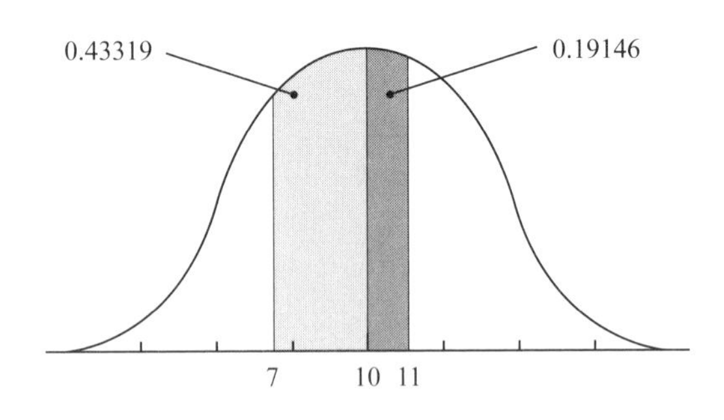

図 9-2-c　正規分布の計算

5 中心極限定理について

普通、中心極限定理は次のように表現される。「母集団の平均値 μ と分散 σ^2 が有限値ならば、母集団の分布の形がどうであっても、標本の大きさ n が大であれば、標本平均値の分布は正規分布で近似され、n が大であるほどその近似度は大である」。これは一定の年齢、性別の人の身長とか体重の集まり、さらに大集団の中から、一定の要素を無作為（ランダム）に取りだし、取り出したものの大きさの平均を求め、元に戻し、また同様に取り出して平均を求めるという作業を多数回繰り返して得られる平均値の集まりが、いずれも正規分布に近い分布をする、ということを意味している。そして、その正規分布による近似の程度は、無作為に抽出される要素の数が多ければ多いほど良い、というものである。

表 9-1-a　よく使われる数値例

P	$2P$	$\|z\|$	P	$2P$	$\|z\|$	P	$2P$	$1-2P$	$\|z\|$
0	0	0	0.25	0.50	0.675	0.475	0.95	0.05	1.96
0.05	0.10	0.126	.30	.60	.842	.49	.98	.02	2.33
.10	.20	.253	.35	.70	1.036	.495	.99	.01	2.58
.15	.30	.385	.40	.80	1.282	.4975	.995	.005	2.81
.20	.40	.524	.45	.90	1.645	.4995	.999	.001	3.29

表 9-1-b　正規分布表の利用例（95%の場合）

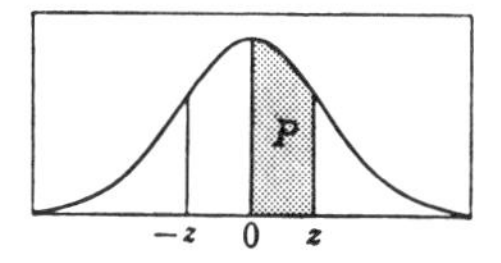

z	0.00	.01	.02	.03	.04	.05	.06	.07	.08	.09
0.0	0.00000	00399	00798	01197	01595	01994	02[illegible]92	02790	03188	03586
0.1	0.03983	04380	04776	05172	05567	05962	06[illegible]56	06749	07142	07535
0.2	0.07926	08317	08706	09095	09483	09871	10[illegible]57	10642	11026	11409
0.3	0.11791	12172	12552	12930	13307	13683	14[illegible]58	14431	14803	15173
0.4	0.15542	15910	16276	16640	17003	17364	17[illegible]24	18082	18439	18793
0.5	0.19146	19497	19847	20194	20540	20884	21[illegible]26	21566	21904	22240
0.6	0.22575	22907	23237	23565	23891	24215	24[illegible]37	24857	25175	25490
0.7	0.25804	26115	26424	26730	27035	27337	27[illegible]37	27935	28230	28524
0.8	0.28814	29103	29389	29673	29955	30234	30[illegible]11	30785	31057	31327
0.9	0.31594	31859	32121	32381	32639	32894	33[illegible]47	33398	33646	33891
1.0	0.34134	34375	34614	34850	35083	35314	35[illegible]43	35769	35993	36214
1.1	0.36433	36650	36864	37076	37286	37493	37[illegible]98	37900	38100	38298
1.2	0.38493	38686	38877	39065	39251	39435	39[illegible]17	39796	39973	40147
1.3	0.40320	40490	40658	40824	40988	41149	41[illegible]09	41466	41621	41774
1.4	0.41924	42073	42220	42364	42507	42647	42[illegible]86	42922	43056	43189
1.5	0.43319	43448	43574	43699	43822	43943	44[illegible]62	44179	44295	44408
1.6	0.44520	44630	44738	44845	44950	45053	45[illegible]54	45254	45352	45449
1.7	0.45543	45637	45728	45818	45907	45994	46[illegible]80	46164	46246	46327
1.8	0.46407	46485	46562	46638	46712	46784	46[illegible]56	46926	46995	47062
1.9	0.47128	47193	47257	47320	47381	47441	47500	47558	47615	47670

$$\frac{0.95}{2} = 0.475$$

Chapter 9
練習問題①

問 1. 今、確率変数 x の分布が $\mu = 10$、$\sigma^2 = 4$ の正規分布に従う時、この変数 x が次の区間内に含まれる確率を正規分布の数値表から計算せよ。その際、簡単な正規分布のグラフを描きおおよその見当をつけておきなさい。

$(2,8)$ $(5,9)$ $(10,15)$ $(8,\infty)$ $(-\infty,5)$

問 2. 母集団の未知のパラメーターについての推定量が持つべき望ましい性質として、a) 不偏性　b) 有効性　c) 一致性、等が知られている。それぞれの性質を調べなさい。

問 3. 身の回りにある標本調査を用いた例を探しなさい。

問 4. ある都市の一世帯当たりの平均医療費をサンプリング調査で調べようとした時、大学生の学生番号からくじ引きで標本を選んで良いだろうか。もし良くないのであればそれはどうしてか。

2 推定の理論

1 母平均の区間推定

この節では「母平均μの区間推定」という問題を例にとり、推定の理論の概要を説明しよう。母集団から抽出された標本平均値の分布は、標本を十分に大きくすると正規分布に近づくことは前に述べた。さらにこの分布の期待値(平均値）は母平均μに一致することが知られている。即ち、

$$E(\bar{x}) = \mu \qquad \cdots\cdots (9\text{-}1)$$

この$\bar{x}$は標本平均値であるが、標本は抽出の度ごとに変わるから、その関数である$\bar{x}$もまた確率分布を持った仮想的な集団を形作る。その集団の平均（期待値）を求めると、母集団平均値（母平均）に一致するということを上式は示している。次に$\bar{x}$の分散（V）は、次式のようになることが知られている。

$$V(\bar{x}) = \frac{N-n}{N-1} \cdot \frac{\sigma^2}{n} \quad \text{（証明略）} \qquad \cdots\cdots (9\text{-}2)$$

この$V(\bar{x})$の平方根は標準誤差と呼ばれ、通常σやsと区別され$\sigma_{\bar{x}}$と表現される。

$$\sigma_{\bar{x}} = \sqrt{\frac{N-n}{N-1}} \cdot \frac{\sigma}{\sqrt{n}}$$

Nは母集団の大きさである。$\sqrt{\dfrac{N-n}{N-1}}$を有限母集団修正係数という。

この修正因子の効果は母集団と標本との関係にあって、抽出率（n/N）が10%の時でも修正係数は約0.95であるのであまり気にしなくてよい。特に経済統計のような大規模な調査では、抽出率は殆どが100分の1以下なので抽出率は問題にならない。従って標本平均の標準誤差（$=\sigma_{\bar{x}}$）は通常、次のように表わされる。

$$\sigma_{\bar{x}} = \frac{\sigma}{\sqrt{n}} \qquad \cdots\cdots (9\text{-}3)$$

このような条件の中で、μ を推定するのに一個の $\bar{x}$ で行おうとする考え方がある。これを点推定と言うが、この方法だと推定量の確からしさといった確率的な評価ができないので科学的方法とは言えないだろう。

さてこの時、先に述べた正規分布関数の性質から次のようなことが分かる。$\bar{x}$ の平均（期待値）即ち μ の周りに $\sigma_{\bar{x}}$ の 2 倍をとれば、$\bar{x}$ の総体の約 95％までは $\mu-2\sigma_{\bar{x}}$ と $\mu+2\sigma_{\bar{x}}$ との間に落ちるのである。即ち

$$\mu-2\sigma_{\bar{x}}<\bar{x}<\mu+2\sigma_{\bar{x}} \quad \cdots\cdots (9\text{-}4)$$

通常母数推定においては、母数が未知で統計量（標本特性値）が既知であるので、(9-1) を書き換えて、

$$\bar{x}-2\sigma_{\bar{x}}<\mu<\bar{x}+2\sigma_{\bar{x}} \quad \cdots\cdots (9\text{-}5)$$

とする。また信頼係数を正確に 95％とするためには、(9-2) をさらに書き換えて、

$$\bar{x}-1.96\sigma_{\bar{x}}<\mu<\bar{x}+1.96\sigma_{\bar{x}} \quad \cdots\cdots (9\text{-}6)$$

とする。一般化すると、

$$\bar{x}-z\sigma_{\bar{x}}<\mu<\bar{x}+z\sigma_{\bar{x}} \quad \cdots\cdots (9\text{-}7)$$

となる。このような推定方法を区間推定と呼び、μ をはさむ両値の幅を信頼区間という。またこの区間が真の値を含む確率のことを信頼度、あるいは信頼係数といい、普通 95％や 99％といった値が用いられる。**図 9-3** は以上のことを表した概念図である。図の中の細い線は信頼区間（信頼係数 95％の場合）を示している。

図 9-3　区間推定の概念

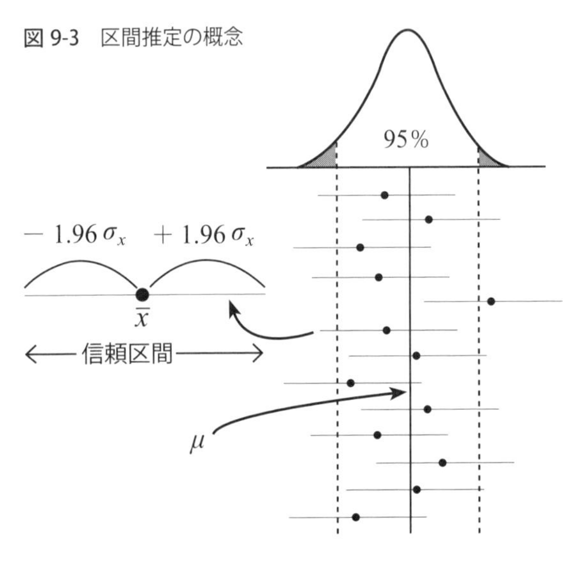

さて、上で説明してきたことには実は大きな矛盾が含まれている。それは母分散σ^2が一般に不明であるということである。そもそも母集団の性質を知りたいがために標本を抽出しそれを観察し、それを通じて母集団の平均値や分散を推定しようとしているのであるから、母分散σ^2が分からないのはむしろ当然なのである。それではこのような場合どうしたらよいのか。

$\dfrac{\sigma}{\sqrt{n}}$の中のσの代わりに標本標準偏差

$$s=\sqrt{\frac{\sum\left(x_i-\bar{x}\right)^2}{n}}$$

を使うほかない。しかしこの時はもはや確率変数が正規分布をすることはなく、正規分布で近似するためには標本数が30程度以上である必要がでてくる。従って標本数が少なくてσが未知である時には、次に述べるt分布による推定法を用いなければならない。

2 t分布による推定

t分布は小標本になるともはや正規分布での当てはまりが悪い、ということに苦慮していたギネスビール社の技師ゴセットによって1908年に発表されたものである。スチューデント（一研究者）というペンネームで発表されたため、スチューデントのt分布（**表9-2**、t分布表）として知られ、その後の小標本理論発展のきっかけになった。

今、平均値μ、分散σ^2の正規母集団に対して、上記zの代わりに次の確率変数tを考える。

$$t=\frac{\bar{x}-\mu}{s/\sqrt{n-1}} \qquad \cdots\cdots (9\text{-}8)$$

この新しい確率変数tがzと異なるのは2点である。σの代わりにsが使われ、$\sqrt{n}$の代わりに$\sqrt{n-1}$が用いられていることである。この（9-5）で定められている分布を自由度　$n-1$のt分布という。自由度とは、基準値$\bar{x}$と$n-1$個のxの値が決まればn番目のxの値も決まってしまうことを意味している。

つまり互いに独立に自由に選ぶことができる変数xは、この場合$n-1$個なのである。

正規分布は標本の大きさに関係なく一定の確率密度関数を持っていたのに対して、t分布は自由度（d. f. : degree of freedom）によってその形が異なっている。t分布の自由度は$n-1$でその値が大きくなるにつれて正規分布に近づき、無限大（∞）で完全に標準正規分布に一致する（**図 9-4**、巻末t分布表参照）。例えば$n=25$の時、正規分布なら正規分布の左右に標準偏差の1.96倍の幅を取ってやれば全体の95%がその中に含まれていたのであるが、t分布の場合は標本の大きさが小さい分、より大きな幅を確保しなければ95%の確率は得られないことを意味している。標準偏差の2.064倍の幅を必要とする。従って、

$$\bar{x}-t_{0.95}\frac{s}{\sqrt{n-1}}<\mu<\bar{x}+t_{0.95}\frac{s}{\sqrt{n-1}} \quad \cdots\cdots \text{(9-9)}$$

は信頼係数95%に対する母平均μの信頼区間を定める。（t分布を使う時には母集団が正規分布をしていることが前提とされているが、それほど厳密な条件ではない。母集団が正規分布でなくても、nが大なら$\bar{x}$は近似的に正規分布に従う）

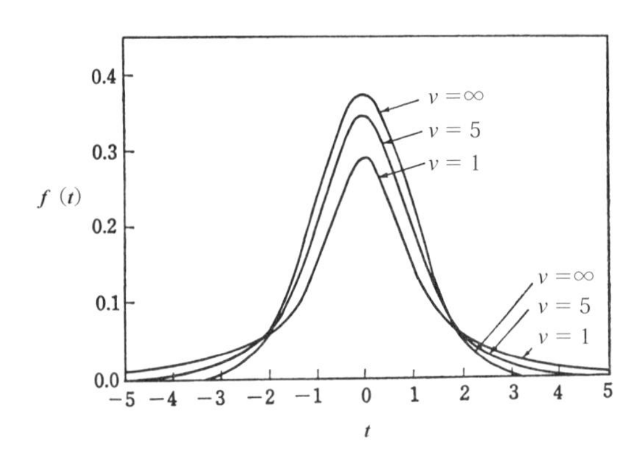

図 9-4　t分布（自由度$v=1,5,\infty$）

表 9-2　t 分布表の利用（例題 2 の場合）

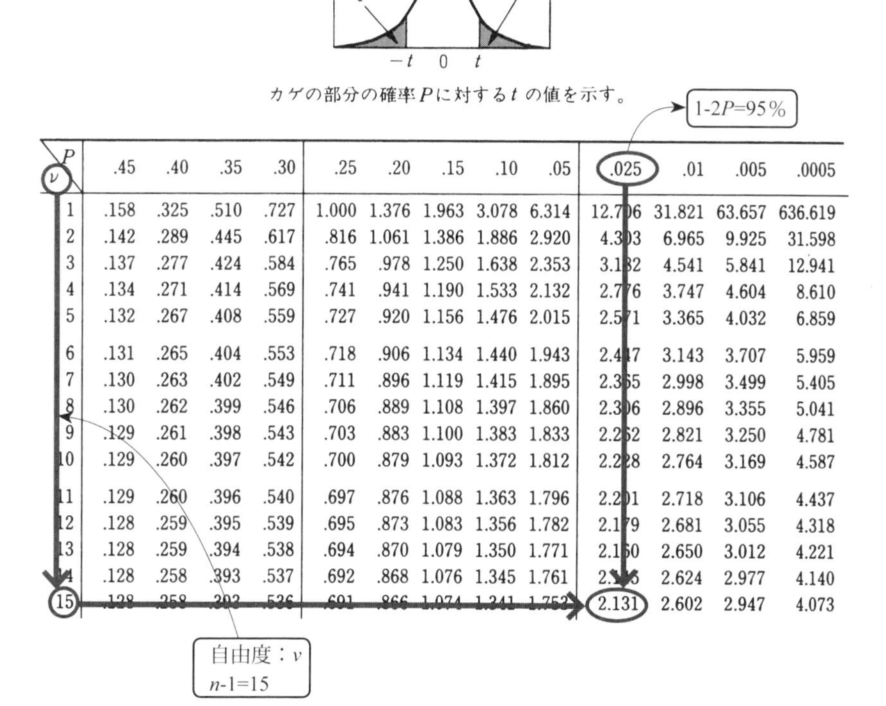

ν \ P	.45	.40	.35	.30	.25	.20	.15	.10	.05	.025	.01	.005	.0005
1	.158	.325	.510	.727	1.000	1.376	1.963	3.078	6.314	12.706	31.821	63.657	636.619
2	.142	.289	.445	.617	.816	1.061	1.386	1.886	2.920	4.303	6.965	9.925	31.598
3	.137	.277	.424	.584	.765	.978	1.250	1.638	2.353	3.182	4.541	5.841	12.941
4	.134	.271	.414	.569	.741	.941	1.190	1.533	2.132	2.776	3.747	4.604	8.610
5	.132	.267	.408	.559	.727	.920	1.156	1.476	2.015	2.571	3.365	4.032	6.859
6	.131	.265	.404	.553	.718	.906	1.134	1.440	1.943	2.447	3.143	3.707	5.959
7	.130	.263	.402	.549	.711	.896	1.119	1.415	1.895	2.365	2.998	3.499	5.405
8	.130	.262	.399	.546	.706	.889	1.108	1.397	1.860	2.306	2.896	3.355	5.041
9	.129	.261	.398	.543	.703	.883	1.100	1.383	1.833	2.262	2.821	3.250	4.781
10	.129	.260	.397	.542	.700	.879	1.093	1.372	1.812	2.228	2.764	3.169	4.587
11	.129	.260	.396	.540	.697	.876	1.088	1.363	1.796	2.201	2.718	3.106	4.437
12	.128	.259	.395	.539	.695	.873	1.083	1.356	1.782	2.179	2.681	3.055	4.318
13	.128	.259	.394	.538	.694	.870	1.079	1.350	1.771	2.160	2.650	3.012	4.221
14	.128	.258	.393	.537	.692	.868	1.076	1.345	1.761	[illegible]	2.624	2.977	4.140
15	.128	.258	.393	.536	.691	.866	1.074	1.341	1.753	2.131	2.602	2.947	4.073

【例題 1】

今、無作為抽出によって得られた 100 世帯に対して家計調査を行ったところ、一世帯当たりの年間電気代は 85,600 円、標準偏差 9,000 円であった。この時、信頼係数 95% で年間平均電気代の信頼限界を求めてみよう。

■ 解 1.（9-9）に代入することによって、年間平均電気代の母平均 μ の信頼限界は次のように計算される。なお、自由度 $n-1=99$ の t 分布については、$t_{0.95}=1.984$ である。従って、

$$85{,}600-1.984\frac{9{,}000}{\sqrt{99}}<\mu<85{,}600+1.984\frac{9{,}000}{\sqrt{99}}$$

$83{,}805$ 円 $<\mu<$ $87{,}395$ 円　　（信頼係数 95%）　　となる。

■ 解 2. 標本数 n が十分大であるとして、(9-3) の σ の代わりに s を代入して計算すると信頼限界は、

$$85{,}600 - 1.96\frac{9{,}000}{\sqrt{100}} < \mu < 85{,}600 + 1.96\frac{9{,}000}{\sqrt{100}}$$

$$83{,}836\text{円} < \mu < 87{,}364\text{円} \quad (\text{信頼係数 }95\%)$$

となり、さほど大きな違いが無いことが分かる。

【例題 2】

ある電気メーカーが製造する蛍光灯 16 本の平均寿命を計算して、18,000 時間、標準偏差 2,000 時間という結果を得た。信頼係数 95%および 99%でこのメーカーが製造する蛍光灯の平均寿命を計算せよ。

自由度は $n - 1 = 15$ で、相当する $t_{0.95} = 2.131$ である。従って寿命の母平均の 95%信頼限界は

$$\bar{x} \pm t_{0.95}\frac{s}{\sqrt{n-1}} = 18{,}000 \pm 2.131\frac{2{,}000}{\sqrt{15}} = 18{,}000\text{時間} \pm 1{,}100\text{時間}$$

となり、 16,900 時間 $< \mu <$ 19,100 時間　　で与えられる。
99%の信頼限界は、　16,478 時間 $< \mu <$ 19,522 時間　　となる。

以上のことをまとめると次のように整理できるだろう。

母平均 μ の信頼係数 95%に対する信頼限界は次の 3 つの場合に分けられる

① 母集団標準偏差 σ が既知の場合 → $\bar{x} \pm 1.96\frac{\sigma}{\sqrt{n}}$

② σ が未知で、標本数 n が大の場合 → $\bar{x} \pm 1.96\frac{s}{\sqrt{n-1}} \fallingdotseq \bar{x} \pm 1.96\frac{s}{\sqrt{n}}$

③ σ が未知で、標本数 n が小の場合 → $\bar{x} \pm t_{0.95}\frac{s}{\sqrt{n-1}}$

Chapter 9
練習問題②

問 1.　次のデータから母平均の信頼区間を信頼係数95%および99%として計算せよ。

	n	s	$\bar{x}$		n	s	$\bar{x}$
(a)	5	3	30	(b)	10	4	30
(c)	26	3	30	(d)	100	9	150

問 2.　ある会社の製造工程から作られる煎茶の中から、今回100個を無作為抽出して重さを量った。その結果平均値が199.7gであった。重さの母集団標準偏差を7gとして、このお茶の重さの平均値μに対する信頼度95%と、99%の信頼区間を作りなさい。

問 3.　ある都市の家計調査の結果によると、年間の光熱・水道費は、平均年21,500円、標準偏差5,600円であった。信頼係数95%、99%で母平均光熱・水道費の信頼限界を求めなさい。

3 検定の理論

1 検定の理論

推測統計は目の前の標本観察から、その背後にある母集団に接近することだといってよい。その接近の方法には2つある。1つは前節で説明した「推定の理論」である。標本についての観察結果を使って母数を推定するのであるから、標本から母集団へという方向で接近する。これに対して仮説検定の方法は、母集団の性質があらかじめ仮説として現れ、その仮説が正しいかどうかを判断するために、標本観察によって得られる情報が使用される。従って分析手順の方法は推定の理論とは逆になる。

2 仮説検定の手順

❶ 母集団についての仮説を立てる
❷ 検定のための統計量と、その統計量によって検定する時の基準を決める
❸ 標本調査を行い、基準に照らして仮説の採否を決定する

以下、順に説明する。

❶ まず、主張したい事柄の否定を定式化する。これを検定仮説（帰無仮説とも呼ばれる）H_0 と呼ぶ。これに対して対立仮説 H_1 は、主張したい事柄である。このように一見回りくどい方法を採るのは、一般に仮説が正しいと主張するよりも間違っていることを立証するほうが楽であるからである。しかしこのような手順には、次に述べるような2種類の誤りがあることを知っておかなければならない。第1種の誤りと呼ばれるものは、帰無仮説が真であるにもかかわらず、帰無仮説を棄却し、対立仮説を受け入れてしまうことである。従って品質管理上などの場合、生産過程が正常であるにもかかわらず、異常であると判断してしまうので生産者危険と呼ばれることがある。この第1種の誤りを犯す最大確率の水準を有意水準 α（特に決まった値は無いが、通常1%とか5%という値が使われる）という。一方、第2種の誤りとは対立仮説が真であるにもかかわらず、対立仮説を棄却して帰無仮説を受け入れてしまうことであ

る。これは消費者が損失をこうむるので消費者危険と呼ばれる。第2種の誤りを犯す確率の最大値をβとする。$(1-\beta)$を検出力という（**図 9-3-a**）。

検定の結果	仮説の真偽	
	H_0は真	H_0は偽
H_0を採択	正しい決定 （確立 $1-\alpha$）	第2種の誤り （確率β）
H_0を棄却	第1種の誤り （確率α＝有意水準）	正しい決定 {確率（$1-\beta$）＝検出力}

図 9-3-a　検定の2種類の誤りの関係

❷ 母集団については正規分布

$$N\left(\mu,\sigma^2\right)$$

を仮定する。無作為抽出によるものであれば$\bar{x}$は正規分布

$$N\left(\mu,\sigma^2/_n\right)$$

に従うから、

$$\frac{\bar{x}-\mu}{\sigma/\sqrt{n}} \quad \cdots\cdots (9\text{-}3\text{-}1)$$

を計算して正規分布表を使う。標本数が小さい場合や母分散が未知の場合には、母分散σ^2の代わりに標本分散s^2を用いて、自由度$n-1$のt分布を使うことになる。推定の理論のところで説明したように、標本数や母分散が既知か未知かといった様々な場合によって決定することとなる。

❸ 今、帰無仮説を、$H_0:\mu=\mu_0$とする。従って、これの対立仮説は、

① $H_1:\mu>\mu_0$　② $H_1:\mu<\mu_0$　③ $H_1:\mu\neq\mu_0$

の3つのケースが考えられる。①と②を片側検定、③を両側検定という。

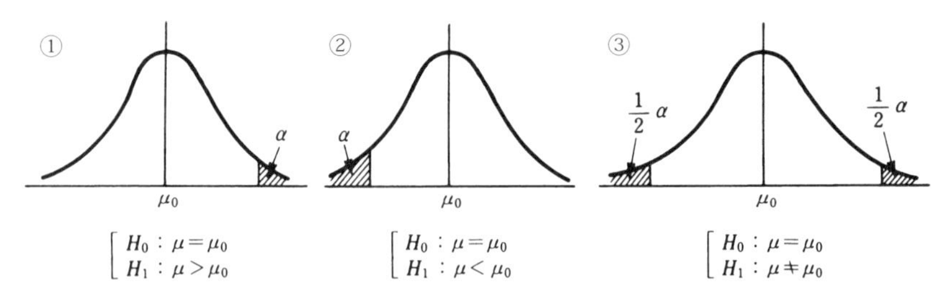

図 9-3-b　片側検定と両側検定

例題を解きながら、検定の理論を理解していこう。

【例題 1】

昨年、経済統計学の前期試験の成績は平均点 60 点、標準偏差 10 点であった。これに対して、ある高校の出身者 100 人の成績は平均 63 点であった。この高校の生徒は経済統計学に関して優秀であるといってもよいか。1％と 5％の 2 つの有意水準で答えなさい。

$n = 100$ であるので、正規分布による仮説検定が可能である。
仮説の定式化は、μ をある高校の生徒の平均点とすると、

$H_0 : \mu = 60$

$H_1 : \mu > 60$

の片側検定となる。検定統計量は、

$$z_0 = \frac{\bar{x} - \mu}{\sigma/\sqrt{n}} = \frac{63 - 60}{10/\sqrt{100}} = 3.00$$

5％の有意水準 $z_{0.05} = 1.64$、1％の有意水準 $z_{0.01} = 2.33$ であるので、いずれの水準でも検定仮説は棄却され、この高校の出身者はこの科目に関する限り優秀であるといえる。

【例題 2】

あるメーカーの乾電池は、連続 45 時間使用可能が保証されている。今回その中から 16 個の標本を無作為に抽出したところ、$\bar{x} = 43, s = 3.1$ が得られた。

45時間使用可能というのは誇大な宣伝ではないか、検定してみよう。

帰無仮説・対立仮説はそれぞれ、

$H_0 : \mu = 45$

$H_1 : \mu < 45$

で、45時間以下のみが問題となるので、この場合も片側検定になる。検定統計量は

$$t_0 = \frac{\bar{x} - \mu}{s/\sqrt{n-1}} = \frac{43-45}{3.1/\sqrt{15}} = -2.5$$

自由度15の t 分布表では有意水準5%は±1.75だから、帰無仮説は棄却されて誇大広告の可能性がある。しかし t 分布表では有意水準1%は±2.60であるので、帰無仮説は採択されてしまう。このように採用する有意水準によって異なった判断が下されることは、しばしばあり得ることである。

Chapter 9
練習問題③

問 1. ある部品のロットを購入しようとして、納品書を見ると、ロットの部品縦の長さの平均値は 22.70 mm となっている。本当に納品書通りであるかを知るために、5 個を無作為に取り出し長さを測定して、次のデータを得た。

22.99,　22.79,　23.04,　23.53,　22.90（単位 mm）

$$\bar{x} = 23.05,\ \ \mu = 22.70$$

このデータから納品書は正しいと判断してよいかどうかを検定の理論を使って考えなさい。

問 2. ある工場で生産される製品の重さは、従来平均 45.5g、標準偏差 2.5g の正規分布をすることが分かっている。今回、製品の中から無作為に 10 個の標本を抽出して重さを量ったところ、標本平均 44.5g であった。今回の製品は従来の製品と比べ、重量が軽い、つまり工場の生産過程に何らかの異常があると考えるべきだろうか、検定の理論を使って考えなさい。

問 3. μ=20 の正規母集団から n=16 の標本をとり、標本平均値 $\bar{x}$=23, s=5 のとき、 有意水準 5%と 1%で、次の仮説を検定しなさい。

（1） $H_0 : \mu = 20, H_1 : \mu > 20$

（2） $H_0 : \mu = 20, H_1 : \mu \neq 20$

4 標本調査の実際

1 標本数の決定

これまで説明してきた標本理論では、標本数は所与（既に決まっていた）であった。しかし実際にわれわれが標本抽出を行おうとする時には、信頼度と許容誤差を一定とした時の所要のサンプル数は、われわれ自身が決めなければならない。

今までに使った公式等から次のような関係を導くことができる。今、母平均の区間推定の場合、信頼係数95％の信頼区間に相当する許容誤差の幅を

$$d = \left|\bar{x} - \mu\right| \qquad \cdots\cdots (9\text{-}4\text{-}1)$$

とする。母集団分散が与えられていれば、

$$\frac{\bar{x} - \mu}{\sigma / \sqrt{n}} = 1.96 \quad (95\%) \qquad \cdots\cdots (9\text{-}4\text{-}2)$$

は標準正規分布をするから次式が得られる。

$$n = \left(\frac{1.96}{d}\right)^2 \sigma^2 \quad (95\%) \qquad \cdots\cdots (9\text{-}4\text{-}3)$$

ところがσは一般に未知である。何らかの情報でおおよその大きさに見当が付いているのであれば、それより大きめに見積った値を使うことになる。母分散についての情報が全く無ければ、小規模の準備調査をして、その結果から母分散の概算値を推定するしかない。また答として出てきたnの値が小さい場合には、小標本として扱い、tの値を代入して計算し直さなくてはならない。これは言わばイタチゴッコのような方法になりかねず、むしろ出てきたnの値を多少大きくして使うことの方がより現実的であろう。

例えばある地域において、1世帯当たりの平均消費支出（母平均μ）を知りたい場合に、標本による平均消費支出と母平均との差、つまり標本誤差の大きさが3,000円（＝d）を超えない程度の精度で推定したいとすれば、標本数は

何個必要だろうか。この時、たまたま母集団の標準偏差 σ（またはその推定値 $\hat{\sigma}$）が7万5千円であることが分かっているとしよう。これらの数値を(9-4-1)に代入することによって次の値を得る。

$$n = \left(\frac{1.96 \times 75}{3}\right)^2 = 2{,}401$$

答えは2,401世帯だが、少し多めにとって約2,500世帯を標本としてとれば充分であろう。

以上は、許容誤差の幅が絶対値として与えられた場合であるが、実際には許容誤差が平均値に対する相対的な値で与えられることが多い。例えば先程の例では誤差は3千円ではなく、5%以内であるように要請される。この時には変動係数（$CV = \sigma/\bar{x}$）を用いると便利である。上の例では母標準偏差があらかじめ与えられていたが、一般に母標準偏差は不明の場合が殆どである。また標準偏差が何らかの方法で推定されたとしても、対象の水準が変化すればそれに応じて変化するので、必ずしも信用できない。一方、母集団の変動係数は比較的安定的であり、過去の同種調査からの推定値も信用できる。従って元の数式

$$d = 1.96 \times \frac{\sigma}{\sqrt{n}} \qquad \cdots\cdots \ (9\text{-}4\text{-}4)$$

の両辺を母平均 μ で除すると

$$\frac{d}{\mu} = \frac{1.96}{\sqrt{n}} \cdot \frac{\sigma}{\mu} = \frac{1.96}{\sqrt{n}} \cdot c.v \qquad \cdots\cdots \ (9\text{-}4\text{-}5)$$

上式から、

$$n = \left\{\frac{1.96}{\left(\frac{d}{\mu}\right)} \cdot c.v\right\}^2 \qquad \cdots\cdots \ (9\text{-}4\text{-}6)$$

が得られ、もし母集団の変動係数 CV か、あるいはその推定値があれば標本誤差許容限界を定めれば標本数を決定できる。先程の例では母集団平均が40万

円で標本誤差許容限界を1%である時は次のようになるだろう。

$$n=\left\{\frac{1.96}{\left(\frac{d}{\mu}\right)}\cdot c.v\right\}^2=\left\{\frac{1.96}{\left(\frac{4}{400}\right)}\left(\frac{75}{400}\right)\right\}^2=1350.1$$

標本誤差率が1%を超えない精度で標本調査を行うとすれば、この場合少なくても1,350世帯の標本数を必要とする。

以上から分かるように、標本誤差率の許容限界が小さければ小さいほど、或いは母標準偏差が大きければ大きいほど、大きな標本を必要とする。また全体を通じてσは本来未知の値で使えない訳であるし、抽出を行う前ならば代用であるsもまた未知なのである。どうしても、大雑把な推定値を何らかの手段で見出さなければならないことになる。

2 具体的標本調査

◆単純無作為抽出：今まで述べてきたことは、全て単純無作為抽出を前提としてきた。無作為抽出法とは、乱数等を用いて人為に拠らずに確率的に標本を抽出する方法である。実際の手順は次の通りである。N個からなる母集団に1～Nまでの番号を振る。次に、1～Nの間で抽出したい標本の数だけ乱数を発生させる（**表9-4-a**乱数表参照）。発生させた乱数の番号が付いている対象を標本とする。もし途中で発生させた乱数が今までに出たことのある数だった時は、もう1回乱数を発生させてそちらを使う。これを「非復元抽出法」という。この方法に対して、今までに出たことのある数を構わずに使う場合を「復元抽出法」という。

碁石が入っている壷から石を取り出す場合を考えてみよう。石1つを取り出す度にそれを壷に戻し、再びよくかき混ぜ次の石を取り出す場合は、復元抽出法となる。また、いったん取り出した石は壷に戻さず、次の石を取り出す場合には、非復元抽出法となる。復元抽出は、同じ石が何度も標本として選ばれる可能性があるため、非復元抽出よりも精度は落ちることになるだろう。しかし標本数に対して母集団が十分に大きな場合には、同一個体が何度も標本とな

表 9-4-a　乱数表の一部

83 10 03 87 35	31 89 45 64 40	61 57 87 29 73
36 57 72 32 39	32 78 83 08 53	87 69 15 29 29
63 83 40 96 33	52 74 75 58 02	66 94 42 87 71
85 29 24 77 88	45 67 31 74 66	76 46 33 84 55
91 49 28 72 30	03 03 32 57 95	19 01 67 59 15
87 60 75 26 58	65 28 70 09 88	76 32 66 08 99
93 20 96 93 05	95 71 90 83 58	02 47 28 10 24
94 34 73 87 35	53 33 66 29 50	21 38 74 75 20
10 42 12 47 60	34 51 84 25 61	15 76 23 67 84
42 57 65 70 17	49 44 83 03 32	53 60 38 20 38
14 80 92 91 76	39 57 07 38 03	12 39 71 36 50
03 00 22 34 59	83 22 53 06 87	63 11 38 68 14
35 10 31 74 97	55 56 24 84 81	54 14 11 24 60
75 65 43 98 76	14 42 68 43 55	85 35 29 44 75
42 44 24 72 86	52 95 61 21 88	53 57 56 76 42

る可能性は非常に低いので、両者には大きな差はなくなるだろう。

ところで、この単純無作為抽出法には幾つかの前提がある。つまり母集団の各要素をそのまま抽出の単位として扱い、母集団の幾つかの部分集団に分けることなしにそれを渾然一体のものとして扱う、というものであった。しかし実際の標本調査の場合には、母集団に関する何らかの情報が利用できることが少なくないので、母集団の構造を確認しながら効率のよい抽出方法が考案されている。

◆系統的抽出法：乱数発生によって抽出番号を決めていく方法は、母集団も標本も数が少ない時には大したことはないが、一般に数が大きくなると抽出作業は煩雑になる。そこでフレーム（母集団を構成する個体のリスト）上から等間隔で個体を抽出するという方法を採ることにより、非復元抽出を効率よく行う手段として用いられる抽出法が考えられる。系統的抽出法と呼ばれるものがこれである。

今、母集団の大きさがNで標本の大きさがnの時を考えよう。母集団に1～Nまでの番号を振る。次に抽出間隔$d(=N/n)$を決める。次に1～Nの間で乱数を1つ発生させ基番号sを決める。あとはsから抽出間隔ごとに順次

$$s,\quad s+d,\quad s+2d,\quad s+3d,\quad \cdots\cdots,\quad s+(n-1)d$$

の番号（小数点以下切り上げ）が付いている個体を標本とする。例えば500

個の内100個を抽出する場合なら、500/100 ＝ 5以下の数字を1つ決め、それが3なら3番目のものから5つごとに抽出していく。実に簡単であるが、この方法で問題になるのは、リストの型として周期性がある時、抽出間隔 d がたまたまそれと一致すると抽出の無作為性が失われ、結果として標本が偏ったものになることである。

◆**集落抽出法**：抽出を行うためには母集団のリスト（フレーム）が必要だが、そのリストが作れないような場合や、標本が地理的にある程度まとまっている必要がある時には、調べたい対象ではなくその集落（かたまり）のリストを作りその集落単位で抽出を行う。例えば「世帯」を対象とする時には、集落として「国勢調査の調査区（およそ50世帯平均)」を使う。集落内に偏った要素のみが含まれているような時、それが抽出されるとどうしても偏りを生ずることがある。これを防ぐためには、集落としてはなるべく類似の性格を持つ小さな単位をとるようにする。つまり集落間分散が小であるよう（同じ事だが集落内分散が大であるよう）にする。また、集落の大きさが小さいほど抽出精度はよいということになる。

◆**多段抽出法**：純粋型の集落抽出であれば、抽出単位は集落のみで後は集落内が全数調査されるわけだが、集落抽出の発展型で2段抽出法という方法がある。抽出した集落の中でもう1回抽出作業を行うわけである。同様にして「3段抽

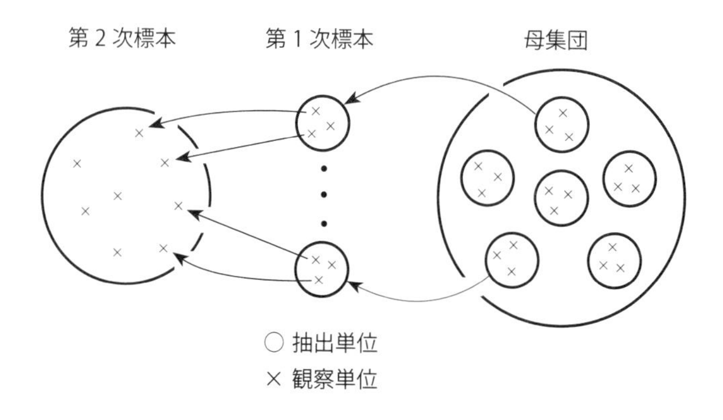

図9-4-a　多段抽出のイメージ

出法」「4段抽出法」なども可能であろう。例えば第1次抽出単位を市町村、第2次抽出単位を学校、第3次抽出単位を学生というように抽出は何段階でも行うことが可能である。多段抽出法は、その精度は一般に単純無作為抽出法に比べ悪くなることが多い。しかし調査フレームをしっかり整備すれば実用的である。また予算面からもメリットが多く、この後に述べる「層化抽出法」との組み合わせで「層化多段無作為抽出」などが実際に多用されている。

◆層化抽出法：9章1や3でも学んだように、統計的推測の精度は標本のバラツキを小さくするか、標本数を大きくすることになってなされる。抽出の実際では予算が限られているので、集団をバラツキの少ない幾つかのグループに分け、そのグループごとに標本を抽出すると標本誤差を小さくすることができる。このように母集団をある観点から階層分けして、それによって生ずる部分集団に合理的な方法でサンプル数を割り当て、幾つかの部分集団に分けて抽出することを、層化抽出法と呼んでいる。階層分けの手段としては、男性と女性、就業構造別、営業形態別、立地環境別などが考えられる。各層への割り振りをいかに効率よくするかが重要な問題として残される。実際には比例抽出法と呼ばれるものが意識調査などでよく使用されている。これは各層の大きさに比例して標本数を割り当てる方法である。しかし各階層ごとの分散、あるいは標準偏差が既に分っているような場合には、これを利用して精度が高くなるように標本を各階層ごとに配分する方法が採用される。ネイマン（Neyman）の最適配分法（optimum allocation）は、各層の大きさに各層の層内標準偏差を乗じたものに比例して割り当てることになる。即ち、

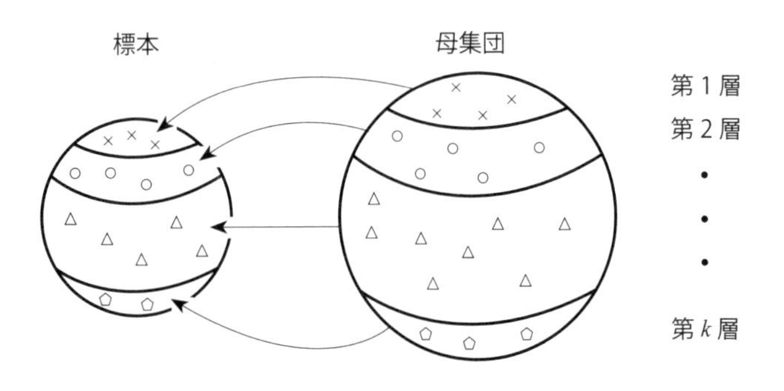

図9-4-b　層化抽出のイメージ

$$n_i = n \cdot \frac{N_i \sigma_i}{\sum N_i \sigma_i} \qquad \cdots\cdots \text{(9-4-3)}$$

ここで n_i は各階層ごとの標本数、n は抽出したい全標本数、N_i は各階層ごとの部分集団、σ_i は各層ごとの標準偏差である。

このように層化抽出法では、層化が上手くできれば標本数を大幅に減らすことができる。しかしこれらの方法は多くの予備知識を必要とする上に、各層での抽出率を異にすると集計の際の手数が非常に煩わしくなるなど、理論的には優れていても実際には単純な比例抽出法が使われることも多い。

Chapter 9
練習問題④

問 1. 次に挙げるものの中で乱数表に代わることができるものはどれか。また、それはどのようにして用いたらよいか考えなさい。

①電話帳、②学生番号、③トランプ、④百科事典、⑤コイン

問 2. 一定の信頼係数（例えば95％）のもとで、標本数と信頼区間の関係について正しい記述は次のうちどれか。

①信頼区間の幅は標本の大きさよりも標本の抽出率と密接な関係がある。
②信頼区間の幅を狭くすればするほど、標本の大きさは小さくすべきである。
③標本の大きさを小さくすればするほど、信頼区間の幅は大きくなる。

Chapter 1 0
相関分析——関係を確かめる

1 相関係数を導く

表 10-1 は、ある私立大学男子学生の身長と体重を測定した時のデータである。今までのデータと違うのは、一組になった 2 つの変数が対象になっているということである。このほかにも、経済学が扱うものの中には、収入と支出や価格と購入数量などが考えられる。一組になった 2 つあるいはそれ以上の変数の間に何か関係がありそうな時、この関係について考察しようというのが、この章の相関分析と次章の回帰分析なのである。いずれも『種の起源』で有名な C. ダーウィンの従弟にあたる F. ゴールトンによって初めて考察されたものである。

表 10-1　あるクラスの体重と身長のデータ

身長	体重	身長	体重	身長	体重
145	48	165	60	176	91
148	50	168	60	177	120
149	78	169	68	178	97
150	45	169	80	179	93
152	50	169	70	180	69
153	52	170	89	181	98
158	48	170	78	181	68
159	40	171	77	182	89
160	53	171	89	183	80
160	55	172	90	185	85
160	49	173	95	186	102
161	58	173	67	192	81
162	53	174	60	199	99
163	58	175	59	200	130
164	59	175	89	203	95

さて、**表 10-1** の身長を x 軸に、体重を y 軸にとり、これをグラフに描くと**図 10-1** のようになる。このようなグラフは相関図といって、相関分析を理解する上で重要な手段となる。観察数が多いと雲のように見えることから「統計雲」と呼ばれることもある。第 4 章統計図表のところでも強調したように、両者の関係はただ単に相関係数を計算するだけでは得られない視覚的情報を与えてくれる。身長が増えると同時に体重も増加するという関係がはっきり読み取れる。言い換えれば両者の関係は直線に近くなればなるほど緊密になる、という関係を前提としているわけである。

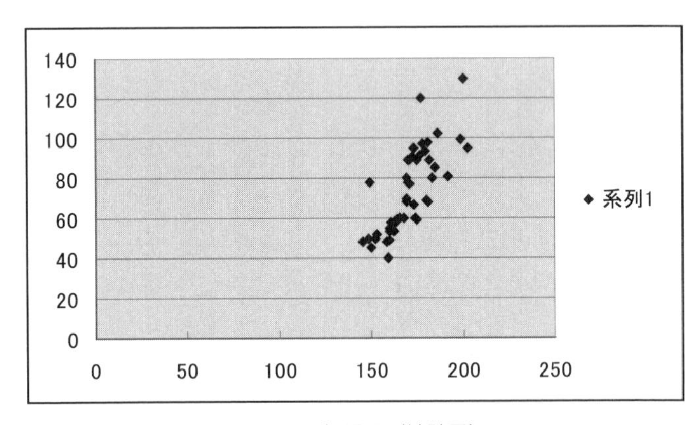

図 10-1　相関図（統計雲）

相関係数 r は、次のように定義される。

$$r = \frac{\sigma_{xy}}{\sigma_x \cdot \sigma_y} = \frac{\sum(x-\bar{x})(y-\bar{y})}{\sqrt{\sum(x-\bar{x})^2 \sum(y-\bar{y})^2}} \quad \cdots\cdots (10\text{-}1)$$

ここで、σ はそれぞれ、

$$\sigma_{xy} = \frac{1}{n}\sum(x-\bar{x})(y-\bar{y})$$

（x と y の共分散）……（10-2）

$$\sigma_x = \sqrt{\frac{1}{n}\sum(x-\bar{x})^2}$$

（x の標準偏差）……（10-3）

$$\sigma_y = \sqrt{\frac{1}{n}\sum(y-\bar{y})^2}$$ （y の標準偏差）……（10-4）

であり、σ_{xy} を特に x と y の共分散（covariance）という。相関係数はこの共分散のイメージを理解することで容易になるので次にそれを説明しよう。

今、x の平均値 $\bar{x}$ と y の平均値 $\bar{y}$ を計算し、**図 10-2** のように座標の原点（$\bar{x}$, $\bar{y}$）の変換を行う。座標は図のように 4 つの象限に分れる。すると n 個の点はこの 4 つ象限のいずれかに入ることになる。

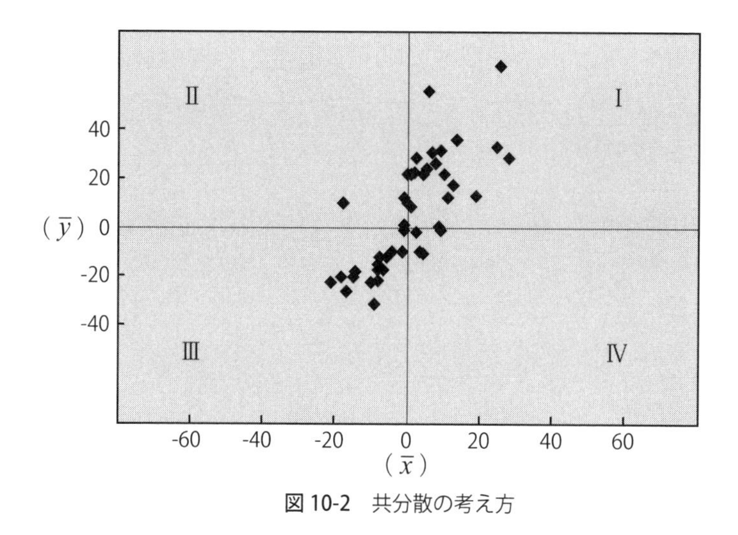

図 10-2　共分散の考え方

もし第Ⅰ象限に入れば、x_i も y_i もそれぞれの平均値 $\bar{x}$、$\bar{y}$ よりも大きい値なので

$$(x_i-\bar{x})(y_i-\bar{y})>0$$

となる。もし第Ⅱ象限に入れば、x_i は $\bar{x}$ より小さいが、y_i は $\bar{y}$ より大きい値なので、

$$(x_i-\bar{x})(y_i-\bar{y})<0$$

となる。もし第Ⅲ象限に入れば、x_i も y_i もそれぞれの平均値 $\bar{x}$、$\bar{y}$ よりも小さい値であるから、

$$(x_i - \overline{x})(y_i - \overline{y}) > 0$$

もし第Ⅳ象限に入れば、x_i は $\overline{x}$ より大きいが、y_i は $\overline{y}$ より小さい値なので

$$(x_i - \overline{x})(y_i - \overline{y}) < 0$$

となる。

図 10-3 のように、統計雲が西南方向から東北方向へ向かっている時には正の相関があるといい、第Ⅰ象限と第Ⅲ象限に入る観察値が多い。従って全体としての共分散は正になる。逆に統計雲が北西方向から東南方向へ向かっている時には負の相関があるといい、第Ⅱ象限と第Ⅳ象限に入る観察値が多い。従って全体としての共分散は負となる。共分散は x、y の標準偏差で標準化され、相関係数として利用される。即ち、

$r > 0$：正の相関（あるいは順相関）、$r < 0$：負の相関（逆相関）
$r = \pm 1$：完全相関　　$r = 0$：無相関

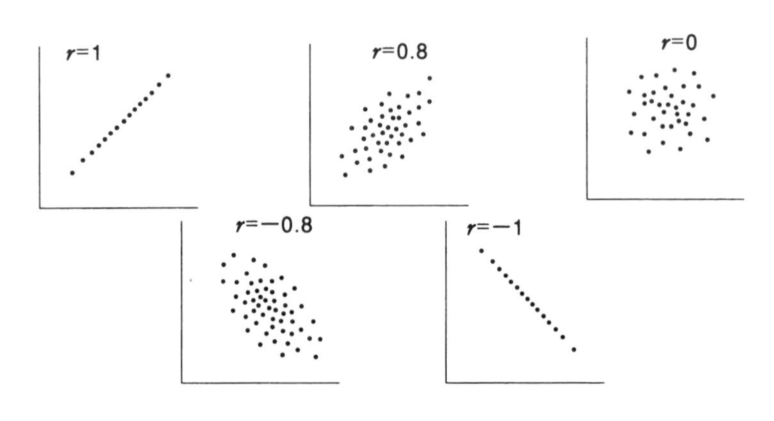

図 10-3　相関関係と相関図

それでは相関係数 r の値は、どのように解釈されるのであろうか。回帰分析のところで詳しく述べるが、相関係数 r の 2 乗は決定係数と呼ばれて、独立変数が従属変数を説明する程度と解釈されている。この決定係数を参考にすると、計算された相関係数は概ね次のような目安になると解釈される。

0.0	～ r ～ ± 0.2 程度	殆ど相関が無い
± 0.2 程度	～ r ～ ± 0.4 程度	弱い相関がある
± 0.4 程度	～ r ～ ± 0.7 程度	中程度の相関がある
± 0.7 程度	～ r ～ ± 1.0	強い相関がある

2 スピアマンの順位相関係数

観察値の情報が不完全で順位のみしか得られないような時でも、相関関係の計測は可能である。例えば、経済統計学の評価が、前期試験と後期試験の 2 回の試験で行われているとしよう。しかし、もし前期と後期の順序付けが互いに極めてよく似ていれば、年 2 回の試験は 1 回で済む、という主張が成り立つであろう。

また、ある大学の入学試験では、普通のペーパーテストではなく、面接と小論文を書かせて、点数ではなく順序付けを行って優劣を判定している。今、2 人の採点担当教員に順序付けさせたところ、2 人の順序付けがほぼ合っていたとすると、その総合順位で合否判定が出来るであろう。ところが、もし 2 人の教員の順序付けが大きく異なっていたということになれば、2 組の順位を単に合計したものをもって合否を決めるのは問題であると考えられる。

これらは、2 組の順序付けられたデータ間の相関を図ることの意義と必要性と示す好例であるが、このような場合を示す指標として次に示すようなスピアマンの順序相関係数 ρ が知られている。

$$\rho = 1 - \frac{6\sum(x_i' - y_i')}{n(n^2 - 1)} \qquad \cdots\cdots (10\text{-}5)$$

ρ は普通の相関係数 r と同じように＋１と－１の間の値を取り、もし＋１の時には順位が完全に一致したことを意味し、－１の時には順位が完全に逆転したことを意味している。

Chapter 10
練習問題

問 1.（10-1）が、次式のように変形されることを証明しなさい。

$$r = \frac{\sum xy - \frac{\left(\sum x \sum y\right)}{n}}{\sqrt{\left[\sum x^2 - \frac{\left(\sum x\right)^2}{n}\right]\left[\sum y^2 - \frac{\left(\sum y\right)^2}{n}\right]}} \quad \cdots\cdots (10\text{-}6)$$

問 2. 次の数列に対して、x、y 間の相関係数を計算しなさい。その際、次の計算過程表を用いなさい。

（1）　x：5、9、7、4、12、15、18、19、16
　　　y：3、5、10、5、11、12、15、18、15

（2）　x：3、4、5、6、7
　　　y：5、8、10、8、11

（1）の計算過程表

x	y	xy	x^2	y^2
5	3			
9	5			
7	10			
4	5			
12	11			
15	12			
18	15			
19	18			
16	15			
$\sum x=$	$\sum y=$	$\sum xy=$	$\sum x^2=$	$\sum y^2=$

$n=9$

(2) の計算過程表

x	y	xy	x^2	y^2
3	5			
4	8			
5	10			
6	8			
7	11			
$\sum x=$	$\sum y=$	$\sum xy=$	$\sum x^2=$	$\sum y^2=$

n=5

問 3. 問 2. (1)、(2) のデータを使って簡単な相関図を描いてみなさい。

問 4. 問 2. (1)、(2) のデータから決定係数を計算しなさい。

問 5. 経済学で負の相関が現れるような事例を考えなさい。

問 6. 問 2. で用いたデータを順序統計量（大きさの順番にする）にし、スピアマンの順位相関係数 ρ を求めなさい。

問 7. スピアマンの順位相関のほかに、ケンドールの順位相関が知られている。どのようなアイデアなのか調べて、スピアマンの順位相関と比較しなさい。

Chapter 1 1
回帰分析と経済統計

回帰（Regression）という考え方を発展させたのは、1章で名前が出てきた優生学者F. ゴールトンであった。彼は「1人の人間の持つ特性（例えば身長や体重などの身体的特徴）はその子孫へと伝わっていくが、平均的にその特性は減少していく」と述べている。即ち、優れた特性も遺伝を通じて、一般的に平均的な傾向に回帰していく現象が見られることを発見したのであった。

1 最小2乗法と正規方程式

10章で学んだ身長と体重の相関関係では、身長が大きいことが体重の原因になっていなかった。また逆に体重の大きさが身長の原因になっていた訳でもない。言わば身長と体重の相互依存関係を示す指標が相関係数だった訳である。

これから学ぶ回帰分析は、独立変数と従属変数間の因果関係を適当な形の式（ここでは直線の式）にまとめて表現することだといってよいだろう。

一般に、変数間の関係を示す方程式を回帰方程式といい、この方程式の描く線を変数xに対する変数yの回帰線という。回帰線の求め方には、次のような方法が考えられる。

❶ フリーハンド
❷ グループ平均法
❸ 最小2乗法

系列にただ線を引くだけならフリーハンドでも良いわけだが、これは明らかに個人によって異なる結果になるだろう。そこで、グループ平均法といわれる方法がある。これも簡単な方法であり、与えられた系列の全長をx軸に関して前後に2等分し、前半の各項についての平均をまず求める。次に後半部分の平均を求めその2点を全長にわたって引き伸ばすか、またはより大きな x の値に対して引き伸ばすことで回帰線とする仕方である。この方法は簡単であるが、前半部分と後半部分の各部の内部情報が考慮されていないことや、そもそもどうして半分にするのかの理論的根拠がないので、適切ではないだろう。

現在では最小2乗法（method of least square）と呼ばれる方法によって傾向線を引くことが一般的である。最小2乗法は、回帰直線の当てはめという狭い問題だけではなく、多数変数間の関数当てはめの問題という領域で、実に広範囲な利用がなされていて、経済学の実証段階では欠かすことのできない手法である。

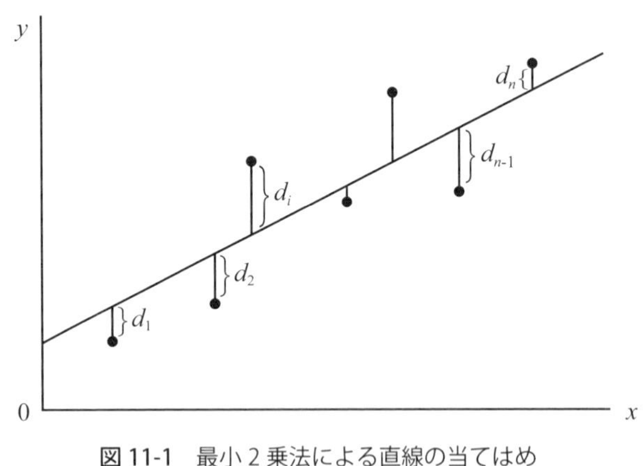

図 11-1　最小2乗法による直線の当てはめ

さて、この最小2乗法の原理は、傾向線を一種の平均と考える。当てはめられた直線と観察点との y 軸に沿って縦に測った距離　$d = y - \hat{y}$ （残差ともいう）の2乗の総和が最小になるように回帰直線を引くこと、といえる。今、各時点の番号を x, またこれに対応する値を y とする。さらにこの時系列が n 項からなり、直線傾向線を当てはめることとしよう。当てはめるべき関数は

$$\hat{y} = a + bx \quad \cdots\cdots (11\text{-}1)$$

という方程式で表される。

従って、最小2乗法は

$$S = \sum (y - \hat{y})^2 \quad \cdots\cdots (11\text{-}2)$$

で、S が最小になるような a と b を求めることになる。

（11-1）を（11-2）に代入すると

$$S = \sum (y - a - bx)^2 \quad \cdots\cdots (11\text{-}3)$$

S の極小値を求めるのに

$$\frac{\partial S}{\partial a} = -2\sum (y - a - bx) = 0$$
$$\frac{\partial S}{\partial b} = -2x\sum (y - a - bx) = 0 \quad \cdots\cdots (11\text{-}4)$$

（11-4）を連立方程式として解くと

$$\sum y = na + b\sum x$$
$$\sum xy = a\sum x + b\sum x^2 \quad \cdots\cdots (11\text{-}5)$$

（11-5）を回帰方程式の計測に関する正規方程式という。

b と a はそれぞれ次のようにして求められる。

$$b = \frac{\sum (x - \bar{x})(y - \bar{y})}{\sum (x - \bar{x})^2} = \frac{n\sum xy - \sum x \sum y}{n\sum x^2 - (\sum x)^2} \quad \cdots\cdots (11\text{-}6)$$

$$a = \frac{\sum y - b\sum x}{n} \quad \cdots\cdots (11\text{-}7)$$

もし対象とする系列が時系列であった場合、式はより簡単になる。まず、各時点 x に関して、もし n が奇数の時は中央の x を 0 とし、n が偶数の時には、-5、-3、-1、1、3、5　とすると、$\sum x = 0$ となり、計算が簡略化される。

（11-5）より

$$\sum y = na \qquad \therefore a = \frac{\sum y}{n} \quad \cdots\cdots (11\text{-}8)$$

（11-5）より

$$\sum xy = b\sum x^2 \quad \therefore b = \frac{\sum xy}{\sum x^2} \qquad \cdots\cdots (11\text{-}9)$$

それぞれのデータを代入することにより、a と b が求められ傾向線が特定される。（11-4）で用いられた記号 ∂ は偏微分である。偏微分と合成関数の微分に関しては、経済数学のテキストで確認しておくとよい。

2 回帰分析の実際

次に、最小2乗法の説明を収入と消費に関連した例題で行うことにする。この例は、総務省統計局が毎月調査している『家計調査』の年報から取られた、可処分所得と消費支出の関係である。階級は5分位階級であるので各階級の

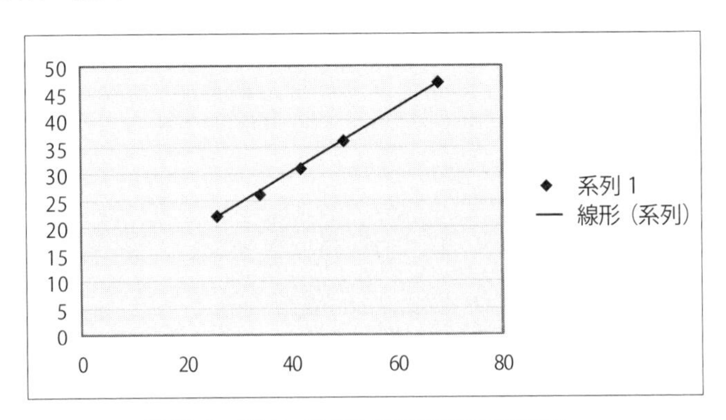

図 11-2　収入に関する消費支出の回帰関係

表 11-1　可処分所得と消費支出

5分位階級	可処分所得 x（万円）	消費支出 y（万円）	xy	x^2
第Ⅰ分位	26	22	572	676
第Ⅱ分位	34	26	884	1,156
第Ⅲ分位	42	31	1,302	1,764
第Ⅳ分位	50	36	1,800	2,500
第Ⅴ分位	68	47	3,196	4,624
合計（平均）	220（44）	162（32）	7,754	10,720

（総務省統計局『家計調査年報，平成15年版』2003年）

階級度数を考慮する必要はない。5世帯からなる社会と考えても良いであろう。数値は全て千円単位で四捨五入してある。

（11-6）と（11-7）に表の数値を代入すると次のようになる。

$$162 = 5a + 220b$$
$$7{,}754 = 220a + 10{,}720b$$
$$\hat{y} = 5.92 + 0.602x \qquad (R^2 = 0.998)$$

求められた式を x に対する y の回帰方程式という。特にそれが直線で表される場合を直線回帰といい、その回帰線を回帰直線という。また、求められた a と b の値はそれぞれ回帰母数（パラメーター）という。$a = 5.92$ は所得 x がゼロでも生活していく為に必要とされる消費水準とも解釈される。$b = 0.602$ は回帰係数（coefficient of regression）といわれ、所得が1単位増加する時、消費が何単位増えるかを示す。この例では限界消費性向を示していると考えられる。

【最小2乗法の例題】

次は、1980年代わが国における情報サービスの業務別売上高から、5年間のソフトウェア開発の売上高推移を抜粋したものである（**表11-2**）。この表から最小2乗法によって傾向線の方程式を求め、さらにそれを用いて1987年の売上高を予測しなさい。

表11-2　ソフトウェア開発売上高の推移

年度 x（変換値）		売上高 y（単位千万円）	xy	x^2
1982	-2	30	-60	4
1983	-1	36	-36	1
1984	0	51	0	0
1985	1	66	66	1
1986	2	91	182	4
合計	0	274	152	10

（経済企画庁『経済白書平成元年』p. 551）

（11-8）と（11-9）を使って計算すると

$$a = \frac{274}{5} = 54.8 \qquad b = \frac{152}{10} = 15.2$$

$$\hat{y} = 54.8 + 15.2x$$

x に 3 を代入すると、100.4（千万）円となるが、実際の売上高は 111（千万円）であった。直線を前提とした予測の限界を示すものであろう。実際の予測には直線だけではなく、2 次曲線 3 次曲線の他に指数曲線や成長曲線（ロジスティック曲線、ゴンペルツ曲線など）と呼ばれる傾向線が利用される。**図 11-2** は指数曲線を当てはめたものである。当てはまりの程度は良いように見える。

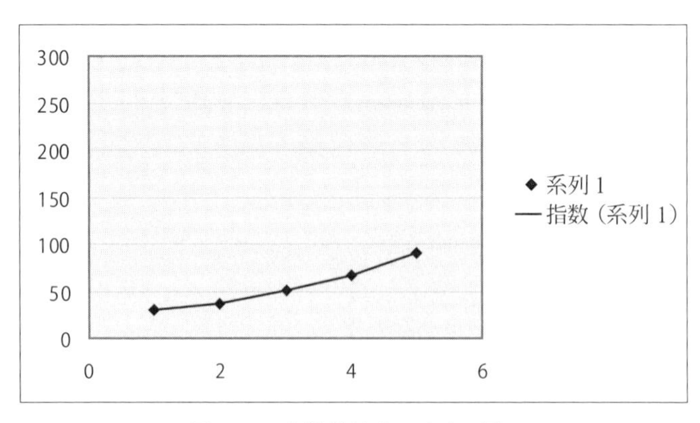

図 11-3　指数曲線当てはめの例

上述のように 2 変数の関係は、必ずしも直線で表現されるとは限らない。場合によっては、非線形の方程式で表現した方が当てはまりが良く、また都合が良い場合がある。例えば、ある商品需要 y の所得 x に対する回帰関係は、上述の直線関係の他に

$$y = a + b\log x \qquad \cdots\cdots (11\text{-}10)$$

あるいは

$$\log y = a + b\log x \qquad \cdots\cdots (11\text{-}11)$$

が考えられる。特に（11-11）は経済学でよく利用されている。それは需要の所得弾力性 ε を計算すると次のようになるからである。

$$\varepsilon = b$$

この場合、弾力性係数は需要曲線の傾き b に等しく、その値は所得の大小にかかわらず一定である。線形方程式の変数をその対数で置き換えると、回帰線の形は曲線になる。この曲線は変数の対数値を使ってグラフに描くと、(11-10)（11-11）のように直線で表現される。従ってその母数 a、b の計算も、今まで通りに最小 2 乗法で求められる。ほかの簡単な非線型関係式としては

$$\log y = a + bx\,,\quad y = a + bx^2,\qquad y = a + b\frac{1}{x}\,,\qquad y = a + bx + cx^2$$

等が知られている。いずれも回帰母数について 1 次の形(足し算)になっている。このような時には、非線型の変数を 1 次の変数に置き換えて最小 2 乗法を応用することができる。

ところで、平均値とバラツキの関係で学んだように、2 変数の関係を示す場合にも平均とバラツキの関係が成立する。回帰線に対する変数 y の標準偏差は、平均値の時と同じように次の定義式によってなされる。

$$S_y = \sqrt{\frac{\sum (y - \hat{y})^2}{n}}$$

平均値とバラツキの関係と同じように、この尺度で測った回帰線に対する変数 y のバラツキが小さければ小さいほど、回帰線は正確に 2 変数間の関係を代表する。言い換えると変数 x は従属変数 y の値をより正確に決定することになる。平均値同様、回帰線に対する変数の y 偏差は標準偏差 S_y の大きさを超えないものが約 95%で 3 倍を超えることは極めて稀である。

3 決定係数（coefficient of determination）：R^2

求められた回帰関係は、経済学の理論を背景にしていることから理論モデル、あるいは単にモデルといわれる。しかし、モデルと実際の観察値との間には多少なりとも誤差が存在することは当然のことである。この誤差を u とするとモデルは一般に

$$y = \hat{y} + u$$

と書ける。$\hat{y}(= a + bx)$ は説明変数 x で決定される y の大きさであり、u はそれからはみ出る部分、即ち説明変数 x では説明できない他の要因によって決まる部分である。今、平均値 $\overline{y}$ を y から引くと次のようになる。

$$y - \overline{y} = (\hat{y} - \overline{y}) + u$$

あるいは

$$y - \overline{y} = (\hat{y} - \overline{y}) + (y - \hat{y}) \qquad (\because u = y - \hat{y}) \qquad \cdots\cdots (11\text{-}12)$$

と書ける。回帰線 $\hat{y}$ が x の変化によって生ずる y の平均的な変化を示すとすれば、$\hat{y} - \overline{y}$ は y の平均 $\overline{y}$ に対する偏差のうち、説明変数 x の変化によって説明できる部分であり、残りの $y - \hat{y}$ は x の変化によって説明できない部分である。ところがこれら変化部分の間に次のような関係が成り立つことが証明できる。

$$\sum(y - \overline{y})^2 = \sum(\hat{y} - \overline{y})^2 + \sum(y - \hat{y})^2 \qquad \cdots\cdots (11\text{-}13)$$

(11-13) は y の全分散が回帰線によって（つまり説明変数 x）によって説明される分散部分と、それでは説明されない（x 以外の要因に基づくもの）分散部分に分解されることを意味する。両辺を $\sum(y - \overline{y})^2$ で割ることによって次式が得られる。

$$\frac{\sum(\hat{y} - \overline{y})^2}{\sum(y - \overline{y})^2} = 1 - \frac{\sum(y - \hat{y})^2}{\sum(y - \overline{y})^2} = 1 - \frac{S_y^2}{s_y^2}$$

ただし、

$$s_y{}^2 = \frac{\sum (y-\overline{y})^2}{n} \qquad S_y{}^2 = \frac{\sum (y-\hat{y})^2}{n}$$

である。従って、

$$R^2 = 1 - \frac{S_y{}^2}{s_y{}^2} \qquad \cdots\cdots (11\text{-}14)$$

となる。

R^2 を x に対する y の回帰関係の決定係数という。一般に、 $0 \leq R^2 \leq 1$ であり、R^2 が 1 に近いほど、回帰線は x に対する y の関係を正確に表現していることになる。相関係数 r の 2 乗が R^2 であることは、10 章で述べた。

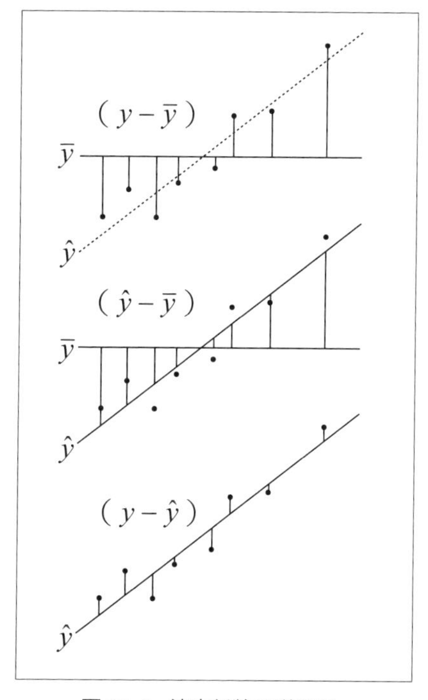

図 11-4　決定係数の説明図

Chapter 11
練習問題

問 1. 次の系列をグラフに描きおおよその見当をつけ、最小 2 乗法で直線を当てはめ回帰方程式を求めなさい。また回帰関係の決定係数を求めなさい。

(1) x：2、3、4、5、6
y：5、10、9、15、18

(2) x：3、4、3、5、7、9
y：2、4、6、5、9、13

(1) の計算過程表

x	y	xy	x^2	y^2
2	5			
3	10			
4	9			
5	15			
6	18			
$\sum x=$	$\sum y=$	$\sum xy=$	$\sum x^2=$	$\sum y^2=$

$n=5$

（2）の計算過程表

x	y	xy	x^2	y^2
3	2			
4	4			
3	6			
5	5			
7	9			
13	13			
$\sum x=$	$\sum y=$	$\sum xy=$	$\sum x^2=$	$\sum y^2=$

$n=6$

（1）のグラフ作成欄

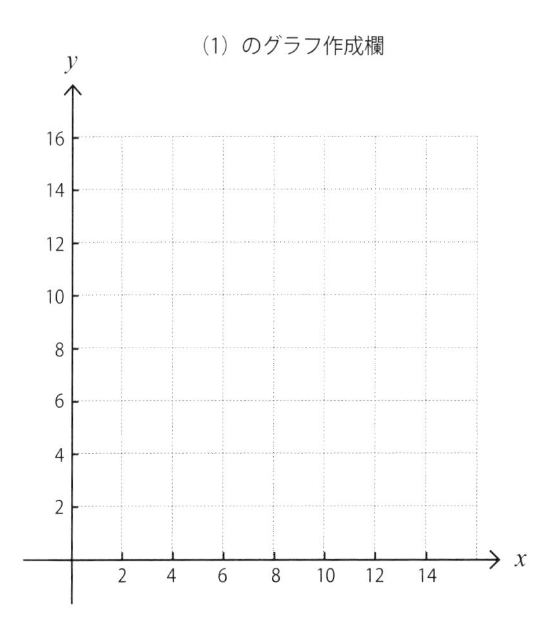

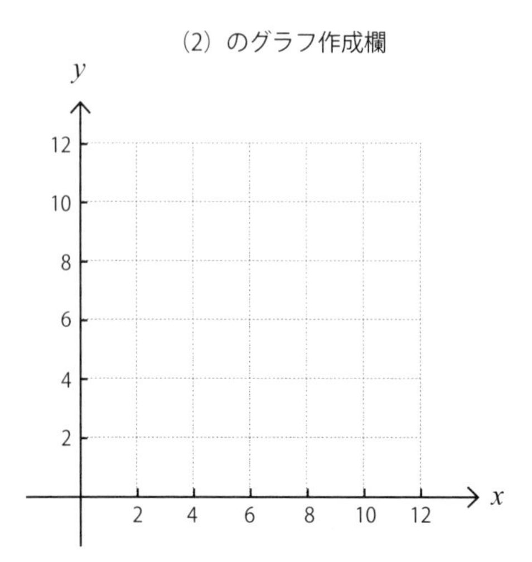
(2) のグラフ作成欄
y
12
10
8
6
4
2
x
2
4
6
8
10
12

Chapter 1 2
多変量分析

1 多変量分析とは

私たちは、11 章で、回帰分析の方法を学び、2 変数間の回帰方程式を導出することができた。また、その関係は、直線的なものばかりではなく、曲線的な関係をも包摂するものであった。たとえば、**表 11-1** や**表 11-2** にあるような関係である。

しかしながら、経済分析を行うにあたっては、このような 2 つの変数の間に考えられる関係はむしろ少なくて、実は、複数の説明変数を持つことの方が一般的である。たとえば「景気」を説明するには、思い当たるだけでも、賃金水準、失業率、物価上昇率、株価、など実に多くの説明変数が挙げられる。

本章では、このように 1 つの被説明（従属）変数を説明するための複数個の説明（独立）変数を用いる場合の方法について考えてみることにする。一般に多変量解析といわれるものの中には、主成分分析、クラスター分析などを始めとして多くの分析手法が知られているが、本章の説明範囲を超えているので、割愛する。

① 重回帰分析

11 章で説明した回帰分析では、原因となる独立変数を変数 x ただ 1 つだけ取り上げて回帰関係を分析したのであるが、実際には従属変数 y に関係を持つ独立変数は多数存在することが普通である。たとえば k 個の説明変数 x_1, x_2, ……, x_k を使って、その間に回帰関係を考えることもありうるわけであり、実はその特別な場合をわれわれは単純回帰と呼んできた。こうした形で一般に回帰を定義すると、次のようになる。すなわち、

$$y = f(x_1, x_2, \ldots\ldots, x_k, a_1, a_2, a_k)$$

ここに a_1, a_2, a_k は x_1, x_2, ……, x_k の y に対する作用の及ぼし方を表す変定数であって、この場合は回帰母数（パラメーター）といわれる。したがって、関数 f の形と回帰母数の形がすべて決まれば、この方程式は従属変数 y の変化を説明することになる。このような方程式を一般に回帰方程式と呼ぶ。

回帰方程式を求めるに際して、具体的に 2 つのことが問題になる。1 つは、説明変数を何個にするかということであり、もう 1 つは、関数 f の形をいかに想定するかということである。関数 f の形に対して直線にこだわらないのであれば、実際問題として曲線回帰が考えられる。

説明変数の数をどのように設定するのか、直線回帰にこだわらないのであればどのような曲線を想定するのかといった問題は、やはり相関図表にプロットしてみて直線がどうしても無理である場合には、2 次曲線、3 次曲線等の多項式で表される曲線を当てはめるか、また事情によっては指数曲線や成長曲線などを当てはめることになる。曲線的な回帰関係として把握さえるべき例は少なくない。たとえば、年齢と賃金額、年齢と食物摂取量、窒素投下量と作物収量などである。

従属変数 y に対して原因となる独立変数を 2 つ以上考える場合の回帰分析を重回帰分析という。1 変数回帰の場合と同様に、多変数の重回帰の場合も、独立変数の従属変数に対する関係は線形の場合もあり、非線形の場合もある。

以下では、簡単な線形の場合を考えることにする。この時、回帰方程式は次のような形で示される。

$$y = a + b_1 x_1 + b_2 x_2 + \ldots\ldots + b_k x_k$$

説明しやすいように、以下最も単純に独立変数を x_1、x_2 の 2 つとして考えると回帰方程式は、下のようになる。

$$y = a + b_1 x_1 + b_2 x_2 \quad \cdots\cdots (12\text{-}1)$$

この方程式の回帰母数を決めるのは、単純回帰方程式の場合と同様の方法で次の正規方程式を連立方程式として解くことによってなされる。

$$\begin{aligned}\sum y &= ka + b_1\sum x_1 + b_2\sum x_2 \\ \sum x_1 y &= a\sum x_1 + b_1\sum x_1^2 + b_2\sum x_1 x_2 \\ \sum x_2 y &= a\sum x_2 + b_1\sum x_1 x_2 + b_2\sum x_2^2\end{aligned} \quad \cdots\cdots \text{(12-2)}$$

もし、説明変数をもっと増やせば一段と複雑になるが、やはり連立方程式の解法によって回帰母数は求められる。

説明変数が k 個存在するときの回帰係数 $a_1\ a_2\ a_3\ a_k$ をそれぞれ $x_1\ x_2\ x_3\ x_k$ に対する y の偏回帰係数という。また、この時多元回帰方程式が y の変化をどの程度まで説明するかは、y と $x_1 x_2 x_3$ との間の重相関係数ということになる。

以上のように、多元回帰は、見るからに複雑な手続きを取るが、今日ではコンピュータ及び統計ソフトの発達で、理論的な理解があれば計算そのものは比較的簡単にできる場合が多い。

しかし、大事なことは、その原理をよく理解しておくことであり、本章の目的もそこにある。

今、コメの消費量を考える。「家計調査」によれば、わが国の 1 世帯当たりのコメの消費量は年々減少し、2000 年には遂に年間 100kg を切っている。家計調査では、家計構造が違うとして単独世帯と農家世帯が除外されているが、概ね傾向はつかめる。一般に消費数量の回帰分析をするときには、説明変数の第一候補は所得である。

われわれも、これにならって、一世帯月別可処分所得を説明変数として、以下のデータで回帰分析をしてみよう。

例題（仮説例）を基に考える（米消費量：y、可処分所得：x_1、世帯規模：x_2）と次のようになる。

表 1-1　コメ消費量の重回帰分析

x_1	x_2	y
23	3	6
80	7	15
50	4	6
18	1	3
37	4	9
23	3	11
63	4	8
33	3	5
46	5	9
30	4	12

y：1ヶ月当たり1世帯のコメ消費量（kg）
x_1：1世帯可処分所得（万円）
x_2：世帯規模（世帯人員）

	x_1	x_2	y	x_1y	x_2y	x_1x_2	x_1^2	x_2^2	y^2
Σ	403	38	84	3,721	359	1,765	19,725	166	822

$$\hat{y} = 4.53 + 0.096x$$
$$R^2 = 0.01$$

以上の事実から、所得は世帯単位のコメ消費量にはほとんど影響を持っていないことが分かる。実際、相対的に価格が高く、かつ主食であった時代には、可処分所得の影響力は高かったと想像できるが、コメが主食という時代はすでに去ったということになる。このことは、現データを概観してみることによってもうかがえる。

それでは、一世帯当たりのコメの消費量は何で決まるのか。2つ目の説明変数として、世帯規模（1世帯当たりの人員）を導入してみよう。

$$\hat{y} = 1.45 - 0.089x_1 + 2.773x_2$$
$$R^2 = 0.692$$

したがって、可処分所得 50 万円で 4 人家族の世帯は、毎月約 8kg のコメを消費し、可処分所得 30 万円で 2 人世帯は、約 4.3kg を消費することになる。この時の R^2 は一変数の時と同様に回帰関係の強さを測定する決定係数である。また、$R = 0.832$ は従属変数 y と説明変数 x_1、x_2 との間の重相関係数と呼ばれる。

2 つ目の説明変数を加えることによって、コメの消費量の説明力は劇的に増加した。しかし、より説明力を増やす方法はほかにないだろうか。当然ながら、説明変数の数を増やすというのも、一つの方法であるが、安易にその数を増やすことは好ましくない。

一つの工夫として、世帯規模の代わりに、年齢を考慮した「消費単位」を導入することはどうだろうか。われわれは、0 歳児も 20 歳も男女の差もなく、世帯人員として勘定してきたが、コメの消費を説明するには、若干配慮に欠けていたといえよう。どの年齢層をもっとも「コメ消費」に関与しているかという換算表を作ることは、容易なことではないだろう。年齢別コメ消費に関する年齢別データの精査が必要になるだろうが、安易に変数を増やすよりは、格段にスマートな方法であろう。

2　重相関係数と偏相関係数

説明変数が 1 個の時、相関係数は直線回帰 $y = a + bx$ を前提とした関係の強さを測定するものとして定義された。多重回帰の場合にも同じような問題があるが、この場合関係の強さをはかるには 2 つの見方がある。

1 つは、従属変数 y と k 個からなる説明変数群との間に成立する概念で重相関係数（決定係数）と呼ばれる。

もう 1 つの見方は、説明変数 $x_1 x_2$……の 1 つ 1 つと従属変数 y との相関の強さを測定することである。偏相関係数と呼ばれる。

今、説明変数を $x_1 x_2$ の 2 個に限定すると、

$$r_{y1\cdot2} = \frac{r_{y1} - r_{y2} \cdot r_{12}}{\sqrt{(1 - r_{y2}^2)(1 - r_{12}^2)}} \qquad r_{y2\cdot1} = \frac{r_{y2} - r_{y1} \cdot r_{12}}{\sqrt{(1 - r_{y1}^2)(1 - r_{12}^2)}}$$

$r_{y1\cdot2}$ は 3 変数 y, x_1, x_2 の場合、y, x_1 の間の偏相関係数である。r_{y1}, r_{y2}, r_{12} はそれぞれ、（y, x_1）（y, x_2）（x_1, x_2）の間の単純な相関係数である。

以上のような 2 個の偏相関係数が計算される。

$r_{y1\cdot2}$ は 3 変数 y, x_1, x_2 の場合、変数 x_2 が一定のとき変数 y と変数 x_1 との間の純相関である。同様に $r_{y2\cdot1}$ は変数 x_1 が一定の時の変数 y と変数 x_2 との間の相関である。r_{y1}, r_{y2}, r_{12} はそれぞれ（y, x_1）、（y, x_2）、（x_1, x_2）の間の単純な相関係数である。

以上は多元回帰関係を線型として扱っているが非直線の関係を導入することもできる。この場合、実際に多く利用される方程式の形は指数関数であり、対数変換することにより、経済学的に意味のある分析ができる。

多重回帰分析には、様々な問題が伴うが、その中には理論的にも実際上も解決の困難なものがある。例えば、複数の説明変数同士の間に高い相関が存在するとき、その取扱いは大変困難である。この問題は、多重共線性（マルティ・コリニアリティー）と呼ばれる。

Chapter 12
練習問題

問 1.　次の各組の数列に対して、x_1, x_2 に対する y の重回帰方程式を計算し、さらにその決定係数を計算せよ。

（A）

x_1:	2	7	3	4
x_2:	4	5	3	5
y:	6	7	2	5

（B）

x_1:	1	0	7	6
x_2:	5	4	6	2
y:	9	5	9	12

（A）の計算過程表

x_1	x_2	y	x_1y	x_2y	x_1x_2	x_1^2	x_2^2	y_2
2	4	6						
7	5	7						
3	3	2						
4	5	5						
$\sum x_1=$	$\sum x_2=$	$\sum y=$	$\sum x_1y=$	$\sum x_2y=$	$\sum x_1x=$	$\sum x_1^2=$	$\sum x_2^2=$	$\sum y^2=$

（B）の計算過程表

x_1	x_2	y	x_1y	x_2y	x_1x_2	x_1^2	x_2^2	y_2
1	5	9						
0	4	5						
7	6	9						
6	2	12						
$\sum x_1=$	$\sum x_2=$	$\sum y=$	$\sum x_1y=$	$\sum x_2y=$	$\sum x_1x=$	$\sum x_1^2=$	$\sum x_2^2=$	$\sum y^2=$

Chapter 1 3
時系列分析と経済予測

1 時系列の特徴

3 章で取り上げた時系列の例は、生（なま）数字の場合もあれば指数の形になっている場合もある。どちらの場合でも次の 2 つの点に注意する必要がある。実質的には系列の各項が同じ定義と同じ方法で調査されたものでなければならない。また、形式的には各項が時間的に同一間隔で示された数字でなければならない。例えば月次系列を取り扱う場合、31 日の月と 28 日の月の差や祝日が多く営業日が少なくなってしまう月などは、平均値等を使って調整する必要がある。

時系列分析の主たる目的には 2 つある。1 つは、明瞭な季節変動を伴う場合に、あらかじめ季節変動を取り除いた「季節調整済み系列」を計算する事である。もう 1 つは、過去の変動が少なくても数年は同じ形で続くものと考え、将来に引き伸ばして見ること（短期予測）である。

時系列分析は、グラフを観察することによって適切な分析方法の見当を付けることができる。時系列グラフは横軸に時間、縦軸に系列の数字を取って作図する折れ線グラフが一般的である。縦軸には原系列の性質により算術目盛か対数目盛を用いることになるが、横軸は等間隔の時間を目盛るので、決して対数目盛を使うことをしてはならない。

通常、時系列は 4 個の変動に分解される。

①傾向変動（T: trend）は長期変動、トレンド、趨勢変動などとも呼ばれ、対象系列の長期にわたる基本的変動の方向を示すものである。従って、出来るだけ単純で滑らかな直線か曲線で表現されることが求められる。

②循環変動（C: cyclical movement）は景気変動とも呼ばれ、経済変動上、周期の一定しない上下運動で、通常 1 循環の長さは 3 年程度から 10 年程度、あるいはもっと長いものなど何種類かあると考えられている。

③季節変動（S: seasonal variation）は1年以内に終結する規則的な変動を指す。農産物のように自然現象に左右される場合は典型的に現れる。また百貨店売上が6月、12月に上昇することもこの変動の例となる。新規卒業者の就職による雇用者数の変動なども例として挙げられる。1ヶ月、1週間などの一定周期の変動も季節変動と考えてよい。

④不規則変動（I: irregular fluctualion）は前記3つの型の変動では説明できない変化である。天候、政治上の事件や予測不可能な要因のほかに、主として原因を明瞭に定めることの出来ない小規模の不規則な変動である。

さて時系列分析は便宜上、原系列を上記4つの変動に分解し、全体としての変動をこれらの要因に割り振ることで変動要因の本質を解明しようとするものである。通常2つのモデルが考えられている。

加法モデル：$Y = T + C + S + I$
比例モデル：$Y = T \times C \times S \times I$

実際には、比例モデルが採用される場合が多い。傾向変動Tだけが時系列と同単位で、ほかはTに対する比率として表される。また、このモデルは各成分が常に正の値をとる場合にのみ用いることができる。両辺の対数をとると分るように、乗法モデルとは原型列の対数に対して加法モデルを考えることに等しい。

◆トレンドの解析法：トレンドを求める主な方法は最小2乗法と移動平均法による直線、または曲線の方程式の当てはめである。1次方程式の最小2乗法による当てはめは、yを原系列、tを時点を表すとすると次のようになる。

$$a = \bar{y} - b\bar{t}$$
$$b = \sum (t-\bar{t})(y-\bar{y}) \Big/ \sum (t-\bar{t})^2 \quad \cdots\cdots (13\text{-}1)$$

さらに系列の中央を$t = 0$とすることにより、

$$\sum t = \sum t^3 = 0$$

となって計算が簡単になる。

1次方程式以外でも最小2乗法が活用される。

対数方程式　$y = a + b\log t (b \neq 0)$　の t を $\log t$ に、$\bar{t}$ を $\log t$ の平均にそれぞれ置きかえることによって、通常の最小2乗法が用いられる。

指数方程式　$y = ab^t (ab \neq 0)$　の場合は次のようにする。

まず、両辺の対数をとると、

$$\log y = \log a + (\log b)t$$

となるので、

$$\log y = Y, \log a = A, \log b = B$$

と置くと　$Y = A + Bt$　になり、　$y = a + bt$　と同様に考えて A, B を求める。

◆季節変動の調整：季節変動を調整するには、一定の方法で季節指数を算出し、それで原系列を割るという方法をとる。簡単な季節調整法として、移動平均法、連関比率法、月別平均法などが知られているが、ここでは移動平均法を解説しよう。

移動平均法は系列の計算期間を部分的に重ね合わせながら随時移動させて局所的に計算する方法である。トレンドの型を前提とせずに、時系列を滑らかにして傾向変動の値を求めるため、移動平均（moving average）と呼ばれる。

表13-1 を用いて、3項移動平均と5項移動平均の計算例をみてみよう。

表13-1　移動平均法の例

年	売上高	3（項）年移動平均	5（項）年移動平均
1995	3千万円		
96	2	(3+2+5)/3=3.3	
97	5	(2+5+7)/3=4.3	(3+2+5+7+9)/5=5.2
98	7	(5+7+9)/3=7.0	(2+5+7+9+8)/5=6.2
99	9	(7+9+8)/3=8.0	(5+7+9+8+10)/5=7.8
2000	8	(9+8+10)/3=8.3	(7+9+8+10+12)/5=9.2
01	10	(8+10+12)/3=10.0	(9+8+10+12+9)/5=9.6
02	12	(10+12+9)/3=10.3	
03	9		

まず、3年移動平均の求め方を説明しよう。売上高の95、96、97年の3年分の算術平均を96年に対応させる。次に96、97、98年の3年の売上高を算

術平均し、それを97年に対応させる。以下、同様の手続きを行う。

5年移動平均の求め方は、3年のそれに準じて、まず95年から5年分の算術平均を97年に対応させる。次に、96年からの5年の算術平均を98年に対応させる。以下、同様の手続きをする。

移動平均による計算は、平均項数の選定に一定の規則がなく、従ってその選定によって結果が変わるという欠点がある。**表13-1**からも分かるように最初と最後の項が決まらないので、これを使って予測をする時に不便である。しかし計算が自由で簡単な方程式で表せないような場合に用いることができることで、広く利用されている。移動平均法のもう1つの利点は、原系列にある一定周期が認められる時、その周期を移動平均の項数に選ぶと変動をきれいに消去することができることである。周期が一定ではない時にも項数を適宜変更し、各項に重みを付けることによって変動除去ができる。このような方法を加重移動平均法という。

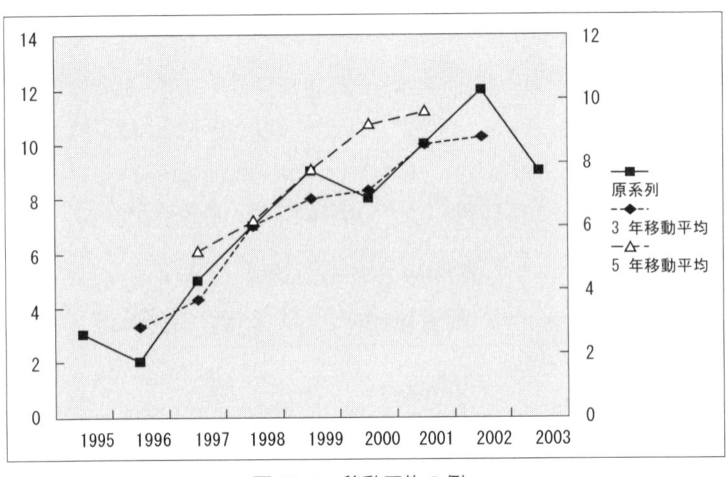

図13-1　移動平均の例

2 傾向線としての成長曲線

トレンドの解析法のところで解説した最小2乗法と移動平均法は、与えられたデータへの直線・曲線をいわば機械的に当てはめるための合理的手法であった、といえる。しかし、時系列の傾向線には、対象事象の成長の過程を示すという意味が含まれている場合がある。この場合には、成長そのものを理論的に説明するものでなければならない、ということになる。

そこで、一定の理論的前提条件を満たす数学式をもって、傾向線とする考え方が出てくる。いわゆる成長曲線と呼ばれるもので、ロジスティック曲線やゴンペルツ曲線といったものがその代表格として知られている。ここでは、ロジスティック曲線のみを説明することにする。

ロジスティック曲線は次の式で示される。

$$Y = \frac{1}{a + bc^t} \quad \text{ここで } a > 0,\ b > 0,\ 0 < c < 1 \qquad \cdots\cdots (13\text{-}2)$$

この曲線の最大の特徴は、一定の極限値（成長の飽和水準）を持ち、曲線の相対的増加率が時間の経過とともに減少することである。

今、(13-2) の母数をそれぞれ

$$a = \frac{1}{K},\ b = \frac{s}{K},\ c = e^{-r}$$

とすると、(13-2) は次のように書かれる。

$$Y = \frac{K}{1 + se^{-rt}} \qquad \cdots\cdots (13\text{-}3)$$

この式で、

$r > 0$　ならば　$t = -\infty$　で　$Y = 0$　になり、　$t = +\infty$　の時　$Y = K$　となる。Yは成長量でKは飽和水準である。

(13-3) をtで微分することで、ロジスティック傾向線Yの相対的増加率が時間とともに減少することが分かる。

また、それをさらにtで微分することにとによって、この曲線の変曲点が

$$Y = \frac{K}{2}$$

であることが判明し、これを（13-3）に代入することで、変曲点における時間 t が

$$t = \frac{1}{r}\log_e s$$

であることが知られる。この関係を図示したものが、**図 13-2** である。

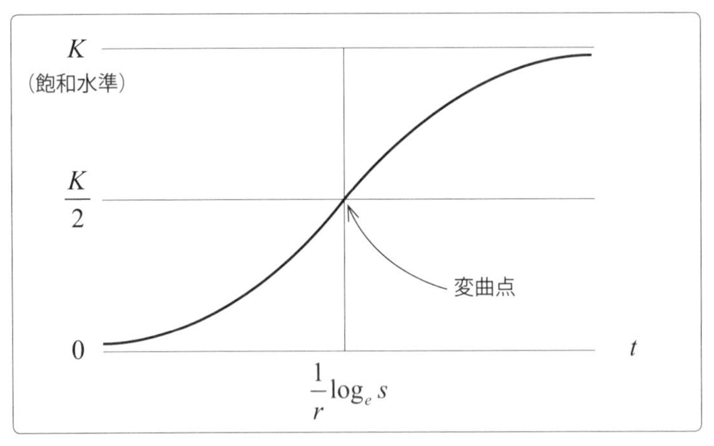

図 13-2　ロジスティック曲線

さて、この曲線が、与えられたデータに対して、どの程度理論的に正確であるかは、多少の疑問はある。しかし、現実には人口統計のデータへの当てはめや、マーケティング分野における需要予測などに盛んに応用されている。

ところで、（13-2）式は a, b, c に関して、線形ではないので、通常の最小 2 乗法で計算することは出来ない。曲線上の 3 点を等間隔に選び母数を計算する 3 点法などの方法が知られているが、ここではこれ以上立ち入らない。

Chapter 12
練習問題

問 1. 系列の中央を $t=0$ とすることによって、$\sum t = \sum t^3 = 0$ となって計算が簡単になる。従って（13-1）は次のように簡略化される。

$$a = \bar{y}$$
$$b = \frac{\sum ty}{\sum t^2} \quad \cdots\cdots (13\text{-}3)$$

上式を使って、**表 13-1** に 1 次方程式と指数方程式を当てはめなさい。下に計算過程表を用意したのでこれを利用して計算すること。

傾向変動の当てはめ計算過程表

年	y	t	t^2	ty	$\log y$	$t\log y$
1995	3	-4				
96	2	-3				
97	5	-2				
98	7	-1				
99	9	0				
2000	8	1				
01	10	2				
02	12	3				
03	9	4				
	$\sum y =$	$\sum t = 0$	$\sum t^2 =$	$\sum t^2 =$	$\sum \log y =$	$\sum t \log y =$

問 2. 次の（y_1）～（y_3）の3つの系列をグラフに描き、直線傾向線、指数曲線、2次曲線の中から適当な傾向線を選び最小2乗法で当てはめてみなさい。

t	1	2	3	4	5
(y_1)	4	5	8	7	11
(y_2)	1	2	4	9	11
(y_3)	4	7	8	8	5

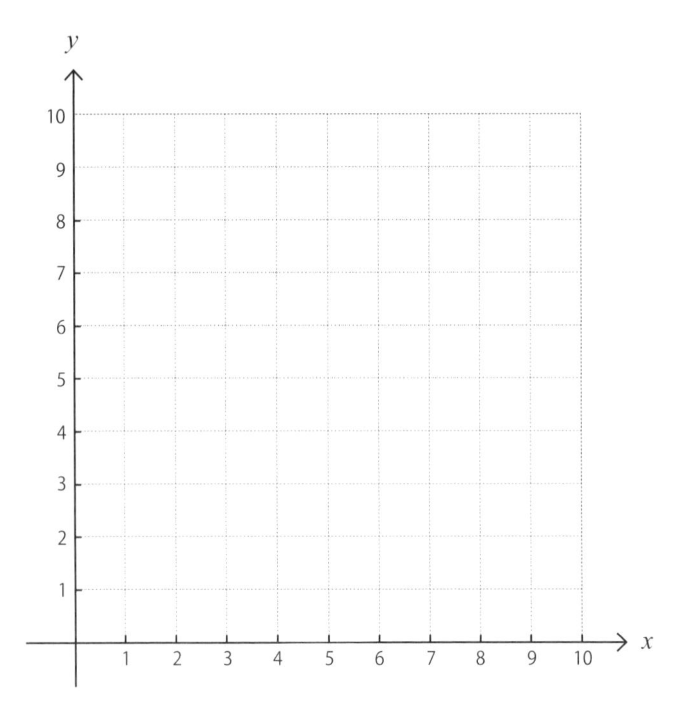

乱数表

08 19 51 26 64　87 69 17 06 42　21 26 08 64 85　28 98 30 97 68　03 22 04 91 40
42 34 32 89 41　67 05 99 90 98　58 23 63 87 58　05 38 60 40 11　23 76 55 46 35
33 85 75 94 88　92 71 21 03 60　33 89 78 25 12　74 84 94 68 31　45 16 16 21 02
18 94 98 96 94　78 53 66 68 39　09 96 77 50 60　42 18 99 44 16　87 05 43 51 69
56 28 86 55 25　46 77 60 70 31　92 79 79 28 64　06 94 59 40 05　85 73 37 05 84

42 59 26 32 77　07 09 36 25 40　09 03 15 58 27　16 11 23 51 73　80 86 45 87 21
52 60 75 03 11　60 58 87 40 60　05 28 32 44 93　60 03 59 12 83　05 10 23 92 33
42 89 07 71 61　98 21 81 38 51　90 91 54 71 55　28 16 94 06 43　57 29 35 56 22
96 90 66 50 13　45 72 61 58 31　53 19 59 55 96　85 50 57 75 28　41 09 31 90 68
83 50 49 78 83　40 58 24 79 59　96 58 14 93 60　99 27 34 11 15　01 12 28 69 76

35 91 70 53 74　65 01 71 58 90　73 99 16 73 25　70 71 72 57 33　54 34 88 73 70
07 08 60 25 19　01 77 10 85 55　23 62 54 52 26　29 01 22 65 71　31 05 52 67 19
75 94 92 90 59　81 77 73 78 91　13 59 83 71 65　81 71 18 15 72　53 39 18 22 30
00 98 85 09 12　54 63 16 17 65　44 19 76 42 38　51 78 25 14 70　44 16 00 51 57
43 32 04 29 48　36 68 49 44 05　88 42 18 09 03　14 42 80 76 75　30 89 36 63 98

32 13 84 71 17　61 63 84 69 83　47 53 85 88 85　50 35 30 90 63　46 02 62 17 98
26 39 86 31 90　71 67 38 26 31　52 87 54 47 64　06 47 07 14 64　58 89 74 18 67
36 18 38 25 60　47 71 49 44 86　14 20 07 37 60　64 46 03 31 05　90 85 60 99 85
32 60 93 07 90　82 72 34 42 78　81 14 86 95 84　51 52 01 05 97　47 30 59 74 73
27 15 59 62 66　81 29 80 86 10　41 45 46 08 57　79 92 62 32 05　12 54 34 33 47

17 91 65 40 24　28 75 78 61 94　99 79 41 94 93　82 57 95 63 27　75 67 46 37 20
41 56 45 65 04　48 51 59 19 31　28 81 50 13 12　59 22 01 92 14　83 87 36 91 71
01 68 54 02 66　48 44 41 25 02　03 28 21 07 40　86 04 69 86 97　95 83 84 93 99
73 94 45 72 90　60 54 02 31 62　35 54 70 21 04　93 06 68 91 42　00 26 35 83 32
57 07 32 79 38　78 48 27 68 54　44 73 15 31 05　44 25 35 62 79　98 71 98 98 63

04 02 19 50 29　23 35 91 21 90　57 51 64 04 96　06 14 44 04 60　04 27 98 40 66
94 07 60 11 31　07 30 34 56 88　49 91 63 53 55　44 27 12 59 21　13 73 65 78 11
43 22 48 88 81　50 01 26 66 31　73 87 05 51 28　40 10 55 45 23　12 70 85 10 81
30 15 06 94 42　62 31 54 23 31　52 19 90 37 35　15 80 90 91 05　94 46 51 24 89
78 49 34 57 58　48 21 60 41 59　58 74 12 89 41　60 76 26 63 72　95 39 92 21 36

78 64 01 19 50　63 41 26 09 86　44 05 17 03 23　79 68 33 31 71　20 88 90 74 73
50 77 71 09 80　89 96 17 07 20　37 14 99 87 99　30 80 41 61 10　18 30 08 29 88
51 99 18 11 71　91 51 17 50 68　89 92 61 58 42　11 69 26 74 71　07 64 76 51 73
69 78 09 88 20　67 00 54 33 16　73 96 15 83 19　95 94 75 12 77　76 35 92 86 39
35 08 41 85 25　51 40 83 84 58　13 63 56 91 18　70 65 64 59 83　25 90 74 56 54

67 46 74 11 76　48 32 77 08 44　19 33 36 27 43　54 10 25 35 24　25 19 39 42 63
93 01 57 35 42　96 06 68 50 72　41 94 87 29 69　21 88 05 61 11　29 73 58 04 08
36 23 91 71 89　94 61 14 09 06　49 72 42 12 49　36 55 16 81 74　85 49 62 05 06
24 98 54 79 58　50 75 53 40 44　52 15 83 49 91　26 39 99 25 96　25 22 01 13 48
98 50 25 14 04　56 28 28 70 65　33 20 15 03 52　00 85 51 69 69　52 55 44 67 49

正規分布表

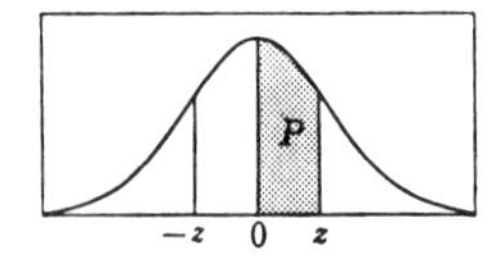

z	0.00	.01	.02	.03	.04	.05	.06	.07	.08	.09
0.0	0.00000	00399	00798	01197	01595	01994	02392	02790	03188	03586
0.1	0.03983	04380	04776	05172	05567	05962	06356	06749	07142	07535
0.2	0.07926	08317	08706	09095	09483	09871	10257	10642	11026	11409
0.3	0.11791	12172	12552	12930	13307	13683	14058	14431	14803	15173
0.4	0.15542	15910	16276	16640	17003	17364	17724	18082	18439	18793
0.5	0.19146	19497	19847	20194	20540	20884	21226	21566	21904	22240
0.6	0.22575	22907	23237	23565	23891	24215	24537	24857	25175	25490
0.7	0.25804	26115	26424	26730	27035	27337	27637	27935	28230	28524
0.8	0.28814	29103	29389	29673	29955	30234	30511	30785	31057	31327
0.9	0.31594	31859	32121	32381	32639	32894	33147	33398	33646	33891
1.0	0.34134	34375	34614	34850	35083	35314	35543	35769	35993	36214
1.1	0.36433	36650	36864	37076	37286	37493	37698	37900	38100	38298
1.2	0.38493	38686	38877	39065	39251	39435	39617	39796	39973	40147
1.3	0.40320	40490	40658	40824	40988	41149	41309	41466	41621	41774
1.4	0.41924	42073	42220	42364	42507	42647	42786	42922	43056	43189
1.5	0.43319	43448	43574	43699	43822	43943	44062	44179	44295	44408
1.6	0.44520	44630	44738	44845	44950	45053	45154	45254	45352	45449
1.7	0.45543	45637	45728	45818	45907	45994	46080	46164	46246	46327
1.8	0.46407	46485	46562	46638	46712	46784	46856	46926	46995	47062
1.9	0.47128	47193	47257	47320	47381	47441	47500	47558	47615	47670
2.0	0.47725	47778	47831	47882	47932	47982	48030	48077	48124	48169
2.1	0.48214	48257	48300	48341	48382	48422	48461	48500	48537	48574
2.2	0.48610	48645	48679	48713	48745	48778	48809	48840	48870	48899
2.3	0.48928	48956	48983	49010	49036	49061	49086	49111	49134	49158
2.4	0.49180	49202	49224	49245	49266	49286	49305	49324	49343	49361
2.5	0.49379	49396	49413	49430	49446	49461	49477	49492	49506	49520
2.6	0.49534	49547	49560	49573	49585	49598	49609	49621	49632	49643
2.7	0.49653	49664	49674	49683	49693	49702	49711	49720	49728	49736
2.8	0.49744	49752	49760	49767	49774	49781	49788	49795	49801	49807
2.9	0.49813	49819	49825	49831	49836	49841	49846	49851	49856	49861
3.0	0.49865									

t 分布表

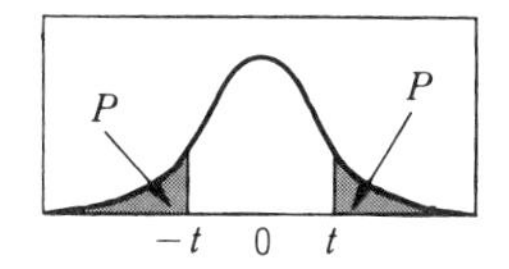

カゲの部分の確率Pに対するtの値を示す。

ν \ P	.45	.40	.35	.30	.25	.20	.15	.10	.05	.025	.01	.005	.0005
1	.158	.325	.510	.727	1.000	1.376	1.963	3.078	6.314	12.706	31.821	63.657	636.619
2	.142	.289	.445	.617	.816	1.061	1.386	1.886	2.920	4.303	6.965	9.925	31.598
3	.137	.277	.424	.584	.765	.978	1.250	1.638	2.353	3.182	4.541	5.841	12.941
4	.134	.271	.414	.569	.741	.941	1.190	1.533	2.132	2.776	3.747	4.604	8.610
5	.132	.267	.408	.559	.727	.920	1.156	1.476	2.015	2.571	3.365	4.032	6.859
6	.131	.265	.404	.553	.718	.906	1.134	1.440	1.943	2.447	3.143	3.707	5.959
7	.130	.263	.402	.549	.711	.896	1.119	1.415	1.895	2.365	2.998	3.499	5.405
8	.130	.262	.399	.546	.706	.889	1.108	1.397	1.860	2.306	2.896	3.355	5.041
9	.129	.261	.398	.543	.703	.883	1.100	1.383	1.833	2.262	2.821	3.250	4.781
10	.129	.260	.397	.542	.700	.879	1.093	1.372	1.812	2.228	2.764	3.169	4.587
11	.129	.260	.396	.540	.697	.876	1.088	1.363	1.796	2.201	2.718	3.106	4.437
12	.128	.259	.395	.539	.695	.873	1.083	1.356	1.782	2.179	2.681	3.055	4.318
13	.128	.259	.394	.538	.694	.870	1.079	1.350	1.771	2.160	2.650	3.012	4.221
14	.128	.258	.393	.537	.692	.868	1.076	1.345	1.761	2.145	2.624	2.977	4.140
15	.128	.258	.393	.536	.691	.866	1.074	1.341	1.753	2.131	2.602	2.947	4.073
16	.128	.258	.392	.535	.690	.865	1.071	1.337	1.746	2.120	2.583	2.921	4.015
17	.128	.257	.392	.534	.689	.863	1.069	1.333	1.740	2.110	2.567	2.898	3.965
18	.127	.257	.392	.534	.688	.862	1.067	1.330	1.734	2.101	2.552	2.878	3.922
19	.127	.257	.391	.533	.688	.861	1.066	1.328	1.729	2.093	2.539	2.861	3.883
20	.127	.257	.391	.533	.687	.860	1.064	1.325	1.725	2.086	2.528	2.845	3.850
21	.127	.257	.391	.532	.686	.859	1.063	1.323	1.721	2.080	2.518	2.831	3.819
22	.127	.256	.390	.532	.686	.858	1.061	1.321	1.717	2.074	2.508	2.819	3.792
23	.127	.256	.390	.532	.685	.858	1.060	1.319	1.714	2.069	2.500	2.807	3.767
24	.127	.256	.390	.531	.685	.857	1.059	1.318	1.711	2.064	2.492	2.797	3.745
25	.127	.256	.390	.531	.684	.856	1.058	1.316	1.708	2.060	2.485	2.787	3.725
26	.127	.256	.390	.531	.684	.856	1.058	1.315	1.706	2.056	2.479	2.779	3.707
27	.127	.256	.389	.531	.684	.855	1.057	1.314	1.703	2.052	2.473	2.771	3.690
28	.127	.256	.389	.530	.683	.855	1.056	1.313	1.701	2.048	2.467	2.763	3.674
29	.127	.256	.389	.530	.683	.854	1.055	1.311	1.699	2.045	2.462	2.756	3.659
30	.127	.256	.389	.530	.683	.854	1.055	1.310	1.697	2.042	2.457	2.750	3.646
40	.126	.255	.388	.529	.681	.851	1.050	1.303	1.684	2.021	2.423	2.704	3.551
60	.126	.254	.387	.527	.679	.848	1.046	1.296	1.671	2.000	2.390	2.660	3.460
120	.126	.254	.386	.526	.677	.845	1.041	1.289	1.658	1.980	2.358	2.617	3.373
∞	.126	.253	.385	.524	.674	.842	1.036	1.282	1.645	1.960	2.326	2.576	3.291

INDEX

た

ち

て

と

に

ね

は

ひ

ふ

■著者紹介

前田修也（まえだしゅうや）

1981年　東北学院大学大学院経済学研究科
　　　　博士課程満期退学
現　在　東北学院大学経済学部教授
　　　　尚絅学院大学非常勤講師
専　攻　経済統計学

統計資料がおもしろくなる
経済統計入門講座　改訂版

2008年4月30日　初版第1刷発行
2018年4月24日　改訂版第3刷発行

著　者　前田修也
発行者　鋤柄　禎
発行所　ポラーノ出版
　　　　〒195-0061
　　　　東京都町田市鶴川2-11-4-301
　　　　mail@polanopublishing.com
　　　　http://www.kyusenshoin.com
装　幀　宮部浩司
印　刷　モリモト印刷

落丁本、乱丁本はお取替えいたします
定価はカバーに記載されています

Printed in Japan ISBN978-4-908765-02-5